ROWOHLT
BERLIN

Marianne Gronemeyer

Lernen mit beschränkter Haftung

Über das Scheitern der Schule

Rowohlt · Berlin

Lektorat Rüdiger Dammann

1. Auflage März 1996

Umschlaggestaltung Walter Hellmann
(Foto: Comstock Fotoagentur)
Gesetzt aus der Sabon (Linotronic 500)
Gesamtherstellung Clausen & Bosse, Leck
Printed in Germany
ISBN 3 87134 095 2

Meinem Bruder, Dietrich Frahm,
und meinen Wahlverwandten, Bettina Schuster,
Robert Schuster und Andreas Lion

Inhalt

Ist die Schule noch zu retten? Zur Einführung ein Nachruf

Die Schule macht – wieder einmal – von sich reden. Sie könnte sich etwas darauf zugute halten, daß sie der Beachtung immer noch für wert befunden wird. Der Chor ihrer Kritiker ist vielstimmig, die Besetzung gemischt, will sagen, gehörig pluralistisch. Die Kritik reicht von links bis rechts, kommt von den unteren, mittleren und oberen gesellschaftlichen Rängen, tönt von innen und außen und stiftet staunenswerte Alliancen. Kaum eine gesellschaftliche Gruppierung, die in diesem Vokalensemble nicht vertreten ist. Nur auf das Stück, das man geben will, kann man sich nicht recht einigen, ebensowenig auf die Tonlage: Die einen wollen herbe Vorwürfe vortragen, die anderen harsche Forderungen erheben, wieder andere sind auf nüchterne, sogenannt sachliche Kritik abonniert, und noch andere wollen ihrer ernsten Besorgnis Ausdruck geben oder nur einfach unspezifisch lamentieren. Sogar konstruktive Kritik, wie sie regelmäßig angefordert wird, wenn die Fetzen fliegen, erhebt wacker ihre Stimme mit einigen behenden Alternativvorschlägen und mit beherzten Besserungsappellen («Neue Lehrer braucht das Land», zum Beispiel, wobei sich zwingend die Frage erhebt, was um alles in der Welt dann mit den alten werden soll)[1].

So verschieden wie die Tonarten der Kritik sind auch die Mängelrügen im einzelnen: Die Schule habe längst den Anschluß verpaßt, weise katastrophale Modernitätsdefizite auf, sei in jeder Hinsicht rückständig und überholt, sagen die einen und denken über angemessene Aufholstrategien nach; die andern werfen ihr Überange-

1 Struck, Peter: Neue Lehrer braucht das Land, Darmstadt 1994.

paßtheit vor und übertriebene Loyalität gegenüber allerlei Partikularinteressen, insbesondere ökonomischen. Sie sei zu leistungsorientiert, sagen die einen, die andern nehmen einen erschreckenden Leistungsverfall und einen bedenklichen Niveauverlust an ihr wahr. Ihr fehle der Mut zur Erziehung, monieren die einen; die andern warnen vor den verheerenden Folgen der Überreglementierung und Gängelung sowohl der Schule als ganzer als auch der Schüler im besonderen. Die einen wollen sie straffer organisiert sehen, um die Vergleichbarkeit der Abschlüsse sicherzustellen; nein, sagen die andern, mehr Autonomie der einzelnen Schule und des einzelnen Lehrers sei das Gebotene. Die einen befürworten eine mehr allgemeinbildende, die andern eine mehr ausbildende Ausrichtung. «Chancengleichheit» und «Bildung für alle» schreiben die einen auf ihre Fahne; die andern fordern, Leistung müsse sich wieder lohnen, die Nivellierung aller Unterschiede führe geradewegs in den kulturellen Ausverkauf. Der Konkurrenzdruck müsse gemindert werden, verlangen die einen; im Gegenteil, sagen die andern, nur über ein ausgeklügelt differenziertes Gratifikationssystem seien die Höchstleistungen sicherzustellen, derer die komplexe moderne Gesellschaft zu ihrer Bestandssicherung nun einmal bedürfe. Das Lernen müsse sich mehr an den Erfahrungen und Bedürfnissen der Schüler orientieren, machen die einen geltend; falsch, kontern die andern, der gesellschaftliche Bedarf habe unbedingt Vorfahrt. Die Lehrer müßten gründlicher ausgebildet werden, mahnen die einen; Fehlinvestition, stellen die andern lapidar fest, über kurz oder lang könne der Computer das Geschäft ohnehin besser besorgen. In das Bildungssystem müsse mehr Geld investiert werden, fordern die einen, denn die wichtigste Zukunftsinvestition sei die in die nachwachsende Generation; aber woher denn, parieren die andern, richtig sei vielmehr, die Schule abzuschaffen, sie koste den Steuerzahler nur Geld.[2]

Das ist nun freilich alles sehr unübersichtlich. Wem ist zu glauben, wer ist im Recht, auf wen soll man hören? Nach welcher Decke

2 Spoo, Eckart: Schafft die Schule ab – die kostet nur Geld, in: *Frankfurter Rundschau* vom 31. August 1994, S. 4.

soll sich ein verwirrter Lehrer oder seine verstörte Kollegin, denen ihr Schulalltag erdrückende Beweise liefert, daß es so nicht weitergeht, strecken? Es sind ja zuallererst die Lehrer, über denen sich die geballte Unzufriedenheit entlädt. Die Schulpolitiker und Ministerialbürokraten halten sich vorzugsweise im Zentrum des Wirbelsturms auf, wo es bekanntlich wohltuend ruhig zugeht, beteiligen sich von dort aus mit mittlerer Lautstärke an dem Gebell und teilen nach eher undurchsichtigen Kriterien die verfügbaren Mittel zu.

Es ist nicht einfach, in dem Wirrwarr der Argumente zu entscheiden, wofür oder wogegen man sein will, geschweige denn Urteile über richtig oder falsch oder – bescheidener – über das geringere oder größere Übel, auch über Realisierbarkeit oder Aussichtslosigkeit zu fällen. Ja, es ist nicht einmal sicher, daß man sich bei diesem argumentativen Schlagabtausch überhaupt schon auf der Ebene der *Kritik* befindet, also den Gegenstand auf eine Weise ins Auge faßt, der seiner *Krisis* angemessen ist.[3]

Man kann die Fragerei sogar noch weiter treiben und bezweifeln, ob die gegenwärtige Befindlichkeit der Schule mit dem Begriff «Krise» zutreffend beschrieben ist. Eine Krise im medizinischen Sinne ist jener Höhepunkt einer Krankheit, an dem sich entscheidet, ob sie auf Tod oder Leben hinausläuft. Dabei kommt alles auf die Selbstheilungskräfte des Patienten an. Es ist jedoch fraglich, ob die Schule einen solchen Umschlagpunkt erreicht oder ob ihr nicht vielmehr ein endloses Siechtum bei immer spärlicher werdender Pflege beschieden ist. Auch ist fraglich, ob in ihr überhaupt Selbstheilungskräfte schlummern oder ob sie nicht immer schon künstlich beatmet werden mußte.

Darüber hinaus gehört zur Krise, daß ihr guter Ausgang das zu Hoffende und zu Wünschende ist. Es ist aber keineswegs ausgemacht, daß man der Schule eine neue Lebensblüte wünschen sollte. Die radikale Schulkritik der sechziger und siebziger Jahre, wie sie von Ivan Illich und – weniger radikal – auch von Everett Reimer,

3 Zum Zusammenhang von Kritik und Krise vgl. Ritter, Joachim, und Karlfried Gründer: Historisches Wörterbuch der Philosophie, Bd. 4, Artikel «Krise» und «Kritik», Basel/Stuttgart 1976, Sp. 1235 und 1249.

Paul Goodman und anderen vorgebracht wurde[4], ist zwar gänzlich aus den modischen Debatten verschwunden, aber dadurch um nichts weniger gültig. Das waren immerhin Kampfansagen an die Schule, die auf ihre Abschaffung oder – mehr noch – auf die «Entschuldung der Gesellschaft» hinausliefen. Ich habe mich trotz einiger Jahre begeisterten Lehrerseins auf die Seite dieser Kritik geschlagen. Heißt das nun, daß ich angesichts der desolaten Lage der Schule, ohne mich groß rechthaberisch zu echauffieren, in Genugtuung verfallen und mit einem maßvollen, unpolemischen «Na also» einen Schlußpunkt unter die Sache setzen könnte? Oder sind die Agenturen gesellschaftlichen Fortkommens, die schon jetzt ungeduldig in den Startlöchern stehen, um die Schule zu beerben, so besorgniserregend und beunruhigend, daß ich mich genötigt sähe, einen *wehmütigen* Abgesang auf eine zerstörerische Institution anzustimmen?

Ich denke, wer sich Fragen diesen Kalibers erspart, bleibt in den Vorhöfen des gedanklichen Labyrinths, in das man sich hineinzutrauen hätte, um zum Kern der Sache vorzudringen. Aus bequemer Distanz scheint noch jede Debatte möglich, fruchtbar und lösungsträchtig, manche Wege lassen sich für gangbar halten, und etliche Partialoperationen versprechen Abhilfe. Es könnte hingegen auch sein, daß eine sorgsame, genaue und schonungslose Betrachtung ein Vordringen ins Zentrum des Übels zwar möglich macht, daß aber dort kein sicherer Rück- und Ausweg zu finden ist. Denkbar also, daß der Ariadnefaden, an dem entlang die ganze Sache von innen her wieder aufgerollt werden sollte, um in die Clarté der Entscheidbarkeit zu gelangen, unauffindbar oder unterwegs gerissen ist.

Diese Möglichkeit wird von den Anhängern wie von den meisten Kritikern der Schule gar nicht erst in Betracht gezogen. In ihrem Gerangel um den Status quo haben Sinnfragen keinen Platz. So ist in allen Debatten um die Schule auffallend wenig von Bildung die Rede. Es scheint, als habe man sie in der allgemeinen Aufregung um

4 Illich, Ivan: Die Entschulung der Gesellschaft, Reinbek 1973. Ders.: Schulen helfen nicht, Reinbek 1972. Reimer, Everett: Schafft die Schule ab!, Reinbek 1972. Goodman, Paul: Das Verhängnis der Schule, Frankfurt 1975.

die Krise der Schule vergessen oder sie gemäß der Einsicht, daß man sich im Schulwesen jeden Luxus künftig wird verkneifen müssen, auf der Seite der Einsparungen verbucht.

Wenn man sich die altmodische Idee, daß in der Schule Bildung sich ereignen sollte, aus dem Kopf geschlagen hat, dann erscheinen die Krisenphänomene in milderem Licht. Sie sind damit nicht aus der Welt, und ein Kinderspiel ist ihre Therapierung auch nach der Beseitigung dieses erstrangigen Handicaps nicht; aber das ganze Problem der Schule ist dann ein strategisches, eines, das man zielgenau und planmäßig angehen kann. Man kann sich zum Beispiel mit Aussicht auf Erfolg die Aufgabe vornehmen, die Schule als entscheidende gesellschaftliche Rangzuweisungsagentur zu perfektionieren. Die Professionalität der Lehrer und die Effektivität ihrer Arbeit ließe sich ausbildungsstrategisch gewiß erheblich steigern, wenn man den Lehrern erprobte Verfahren an die Hand gäbe, wie sie das von ihnen zu bearbeitende Schülermaterial rationell und störungsfrei von einem defizienten Ausgangspunkt A in einen erwünschten Endzustand B überführen können. Man kann – wiederum mit guter Erfolgsaussicht – darüber nachdenken, wie der Part der Schüler bei der Beschleunigung dieser Zustandsänderung auszusehen hätte und welche Rolle dabei den avanciertesten audiovisuellen und Informationstechnologien zufiele. Der Beitrag der Schule zur Sicherung des sogenannten Industriestandortes Deutschland könnte gewiß erheblich verbessert werden, vorausgesetzt, die Schule würde den entsprechenden Erfordernissen durch radikale Modernisierung angepaßt.

All dies sind Aufgabenstellungen, bei denen guter Rat zwar teuer, aber keineswegs unerschwinglich ist. Zur Ratlosigkeit ist nur derjenige verurteilt, dem bei solchen forschen und tüchtigen Inangriffnahmen immer noch die leidige Bildungsidee ins Gehege kommt. Die nämlich ist in ihrer querliegenden Sperrigkeit mit dermaßen klar konturierten Aufgabenstellungen gänzlich unvereinbar. Unter ihrem Einfluß entginge keiner der Beteiligten der Frage, ob die Schule in der Anpassung an das Voranstürmen des Ganzen oder im Widerstand dagegen, im Verzögern, Verlangsamen, Behindern ihr Proprium zu suchen hätte. Das bisher praktizierte «muddling through», das das eine tun und das andere nicht lassen wollte, ist offenbar an seine Grenze gekommen.

Aber damit nicht genug: Nehmen wir – kontrafaktisch – an, der verfaßten Schule würde ein Platz auf der Seite des Widerstands angewiesen, dann müßte man mit Fug und Recht bezweifeln, daß sie dafür irgend tauglich wäre. Kurzum: Wenn die Schule den Anspruch, der Bildung zu dienen, aufgibt, ist sie als Schule *nicht existent*, wenn sie ihn aber aufrechterhält, ist sie *nicht existenzfähig*. Das ist das Dilemma.

Kapitel I

Die unmögliche Institution

oder: *Denn sie darf nicht, was sie soll*

Lehren im Widerspruch

Natürlich muß sich die Schule und müssen sich die Renovierer der Schule an dem Bildungsanspruch messen lassen, auch wenn inzwischen die Bildungsinstitution schlechthin diesen Anspruch eher stillschweigend als ausdrücklich mit sich herumzutragen geneigt ist und sogar der Verdacht naheliegt, daß Schule und Bildung sich überhaupt nicht gut vertragen.

Fragen wir also, woran die Schule als Bildungsinstitution wirklich krankt.

Die Schule krankt an ihren inneren Widersprüchen. Es muß in ihrem Fall tatsächlich vom «Widerspruch» im Plural geredet werden; denn mit der einst populären Idee von einem Hauptwiderspruch, der sich mit einem Fußvolk abgeleiteter und darum strategisch weniger belangreicher Nebenwidersprüche umgibt, ist das Dilemma der Schule nicht erfaßt. Ihre Widersprüchlichkeit ist polymorph. Wir haben es, um im Bild des Krankseins zu bleiben, nicht mit *einer* Krankheit nebst ihren unerfreulichen Symptomen zu tun, sondern mit einem Mehrfachbefund. Allenfalls ihre geringe Widerstandskraft gegen den krankmachenden Ansturm könnte als gemeinursächlich für diese pluriforme Morbidezza gelten. Hier hätte dann auch, wenn man sich in der komplexen Malaise nicht verzetteln will, die Kur anzusetzen.

An Widersprüchen zu kranken ist nun allerdings nicht das übelste Übel. Die Prognosen sind in solchen Fällen gar nicht so schlecht. In den Widersprüchen steckt kathartische Kraft, Wandlungsspannung, Erneuerungstendenz, wenn auch mit ungewissem Ausgang. Da sind zum Beispiel die Widersprüche, die sich aus der *Differenz von Anspruch und Wirklichkeit* ergeben. Wenn sich zwischen Anspruch und Wirklichkeit eine unüberwindliche Kluft auftut, kann man sein Heil darin suchen, die Ansprüche an die Wirklichkeit anzupassen oder aber die Wirklichkeit an die Ansprüche.

Im ersten Fall, im Fall der Mäßigung der Ansprüche, gibt es wiederum zwei Möglichkeiten, eine resignative und eine realistisch abgeklärte. Man kann wider besseres Wissen, die eigenen Pläne und Absichten verratend, vor der Betonhärte der Zuständlichkeit klein beigeben – und dabei voraussichtlich entweder zynisch oder depressiv werden. Oder man entschließt sich, die selbstgesetzten Ansprüche zu überdenken, sie als Ausgeburt einer früheren Lebensphase durchaus beachtlich zu finden in ihrem realitätsverkennenden Schwung, um sich dann einsichtsvoll zu einer realistischen Wende genötigt zu sehen und der Wirklichkeit den geforderten Tribut zu zollen.

Im zweiten Fall, im Fall des Aufbegehrens, wird man sich die Realität vornehmen und sie den Ansprüchen ähnlicher zu machen versuchen. Wenn das gelingt, hat man entweder Macht oder Kraft bewiesen. Wahrscheinlicher aber ist, daß man sich dabei im Gestrüpp aus Gewohnheit, Bürokratie und Sachzwang, das wir Wirklichkeit zu nennen gewohnt sind, verheddert wie die Prinzen im Märchen, die ihren unzeitgemäßen Befreiungsversuch damit bezahlten, daß sie in der Dornenhecke steckenblieben und darin elendiglich umkamen. Wie auch immer. Wo Anspruch und Wirklichkeit intolerabel auseinanderdriften, ist Herausforderung im Spiel und die Zuversicht, doch immerhin am Widerspruch zu wachsen, verbunden mit dem Risiko, darin umzukommen.

Es gibt in dieser Sorte Widerspruch noch einen dritten, allerdings wirklich ungemütlichen, Platz, das ist der Platz zwischen allen Stühlen: Wenn, sorgfältige Selbstprüfung vorausgesetzt, eine Revision der Ansprüche auf einen faulen Kompromiß hinausliefe, ein Bestehen auf ihnen aber aussichtslos wäre, dann wäre auch ein sehenden Auges in Kauf genommenes Scheitern ohne Nachgiebigkeit im Anspruch, ein Mißlingen ohne Fehl und Tadel, eine vertretbare Haltung. Zugegeben, das ist die am wenigsten wahrscheinliche, weil unerlöste, die schlichtweg «ausweglose» Position.

Die Diskrepanz zwischen Anspruch und Wirklichkeit ist jedoch nicht die Sorte Widerspruch, an der die Schule krankt. Die Widersprüche, von denen in ihrem Geltungsbereich zu reden ist, sind «innere» dadurch, daß sie zur Natur der Sache gehören. Sie werden nicht von der Schule hervorgebracht, sondern sind ihr von Anfang an zur Balancierung auferlegt: Sie sind in ihre Konzeption eingeschrieben, sie gehören zu ihren Gründungsbedingungen. Die genuin schulischen Widersprüche gehen nicht aus der Diskrepanz von Anspruch und Wirklichkeit hervor, sondern aus der *Diskrepanz von Anspruch und Anspruch*. Und sie resultieren wiederum nicht aus der Unvereinbarkeit solcher Ansprüche, die von außen an die Schule herangetragen werden, mit solchen, die die Akteure der Schule selber stellen, also aus der Unversöhnlichkeit von Fremd- und Eigenbestimmung. Das wäre immerhin auch eine Situation, die streitbare Geister lustvoll in Angriff nehmen könnten in dem Versuch, die eigenen Ansprüche gegen die fremden zu behaupten. Nein, es handelt sich vielmehr darum, daß der Schule zugemutet wird, von außen an sie herangetragene, einander kategorisch ausschließende, paradoxe Ansprüche gleichzeitig zu bedienen. Der gesellschaftliche Auftrag an die Schule ist von der Art, daß die Schule soll, was sie nicht darf, und nicht soll, was sie darf.

An dieser Aufgabe kann man nicht wachsen, daran kann man nur verrückt werden oder zugrunde gehen. Die Psychologie hat für diese unzumutbare Zumutung, die ein Individuum planmäßig in den Irrsinn treibt, den Begriff des Doublebind erfunden. Nun können Institutionen zwar nicht verrückt werden, sie können aber verrückt spielen oder handlungsunfähig vor sich hindümpeln. Nachdem die Schule es lange vermocht hat, in relativer Unauffälligkeit verrückt zu spielen, scheint sie nun in Handlungsstarre zu verfallen.

Bildung für alle – Das Gleichheitsgebot

Einer der paradoxen Aufträge, mit denen die Schule in die Welt gesetzt wurde, erlegt ihr auf, sich mit allem Ernst der *Vermehrung der Bildung* zu widmen, während ihr gleichzeitig eine planmäßige, konsequente und methodische *Verknappung der Bildung* zur ersten Pflicht gemacht wird. Daß sie tagtäglich ein Bildungswunder vollbringen sollen, daß sie bei völlig unzureichender Ausstattung ein nicht so sehr bildungshungriges als objektiv bildungsbedürftiges Millionenpublikum speisen und so die wundersame Vermehrung der Bildung zuwege bringen sollen, das ist den Lehrern als das Proprium ihres Tuns verzweifelt bewußt. Daß sie aber tatsächlich rührige Agenten der Bildungsverknappung sind, deren vordringliche Aufgabe – allem Anschein zum Trotz – darin besteht, die Bildung so rar wie möglich zu machen, ist nicht Bestandteil ihres pädagogischen Selbstverständnisses. Diese Deutung ihrer oft entsagungsvollen Bemühungen müßten sie rundheraus zurückweisen, schon um ihres pädagogischen Überlebens willen.

Diese Zurückweisung wäre auch durchaus plausibel. Es ist den Auftraggebern der Schule manches vorzuwerfen, aber gewiß nicht, daß sie desinteressiert wären an der Mehrung der Bildung und an der Hebung des allgemeinen Bildungsniveaus. Ärgerlich ist vielmehr, daß sie die Erwartungen an die Bildungsbemühungen in den Alltagsniederungen der Schule unziemlich überziehen. Es ist wahrlich nicht wenig, was man höherenorts und allgemeinöffentlich einer «breitenwirksamen» Bildung alles zutraut und in der zunehmenden Bedrängnis wohl zutrauen muß.

Erstens: Es ist bekannt, daß Diktatoren, Kolonialmächte und Feudalherren ihre unumschränkte Macht stets auch dadurch sicherten, daß sie ihre Untertanen in dumpfer Bewußtlosigkeit und bei Sklavenlaune hielten, indem sie ihnen den Zugang zur Bildung verwehrten. Für moderne, hochkomplexe Industriegesellschaften wäre es schlichtweg ruinös, wenn denjenigen, die die demokratische Öffentlichkeit konstituieren sollen, Bildungsabstinenz verordnet würde. Es ist offensichtlich, daß die Demokratie zu ihrer Bestandssicherung auf mündige Bürger angewiesen ist, die von ihren Mitspracherechten einen vernünftigen oder mindestens vernunftnahen und verantwortlichen Gebrauch machen. Wie anders als durch Bildung sollte den Gesellschaftsmitgliedern die Vernunft eingepflanzt werden, die sie bei der Wahrnehmung ihrer demokratischen Rechte walten lassen sollen. Ersichtlich ist die allgemeine Schulpflicht eine soziale Erfindung ersten Ranges. Nur so konnte sichergestellt werden, daß niemand, wirklich niemand sich seiner Bildungsverpflichtung entziehen kann.

Zweitens: Zur Kennzeichnung der komplett durchtechnisierten Gesellschaften hat sich der Begriff der «Komplexität» eingebürgert. Er belehrt uns darüber, daß die Dinge nicht einfach, sondern ungemein vielschichtig sind, und daß alles mit allem zusammenhängt. Nur aus der Übersicht und von der höheren Warte, vom leeren Götterthron aus also, läßt sich jedoch die wunderbare Vielschichtigkeit und Zusammenhängigkeit der Teile, die sich – angeblich – zu einem abgestimmten Ganzen formen, konstatieren. Für denjenigen, der bodennah in der Komplexität herumirrt, stellt sich die Vielschichtigkeit als verwirrendes Durcheinander dar und der Zusammenhang als undurchdringliches Dickicht. Bildung, und zwar wiederum eine, die niemanden ausläßt, soll und muß wettmachen, was die «komplexen» Verhältnisse an Anschaulichkeit, Durchschaubarkeit und Erfahrbarkeit schuldig bleiben. Sie soll dafür Sorge tragen, daß die komplexitätsgeschädigten Individuen in der «neuen Unübersichtlichkeit» (J. Habermas) wenigstens so viel Überblick behalten, daß sie nicht kopfscheu oder anomisch werden.

Drittens: Vor allem aber soll Bildung jenes Vakuum füllen, das mit dem Wegfall der religiösen Gewissensschärfung entstanden ist. Gerade die Herstellung von Loyalität, Berechenbarkeit oder Verläßlichkeit ist in den technisch hochgerüsteten Gesellschaften mit ihrer Überanfälligkeit und Fragilität von existentieller Bedeutung.

Exkurs I: Die Gewalt der Gesellschaft

«Wo die Gefahr wächst, wächst das Rettende auch.» Dieser Satz von Hölderlin hat sich vielfachen leichtfertigen Mißbrauch gefallen lassen müssen. Die Vorhandenheit der Gefahr wagen tatsächlich heute nicht einmal mehr chronisch aggressive Optimisten zu leugnen. Auch wenn sie so schonungslosen Zustandsbeschreibungen, wie sie etwa der scharfsichtige Warner Günther Anders seit den fünfziger Jahren wiederholte, ihr Ohr nicht leihen wollen. Wir leben in einem «Zeitalter, das nicht mehr eine vorübergehende Epoche vor andern ist», schreibt Anders, «sondern eine ‹*Frist*›, während derer unser Sein pausenlos nichts anderes mehr ist als ein ‹*Gerade-noch-sein*›».[1] *Ehe man sich eine so düstere Gemütsverfassung verordnet, hält man lieber nach dem Rettenden Ausschau und wird fündig bei der Bildung. Was zu andern Zeiten die Gottesfurcht, dann drakonische Strafen, später Gesellschaftsverträge besorgten, nämlich die wölfische Natur des Menschen zu zähmen, das wird heute vor allem der Bildung aufgetragen.*

Nun ist allerdings die Gefahr, die vom Menschen für den Menschen ausgeht, inzwischen dramatisch angewachsen. Menschen sind nicht mehr, was sie uranfänglich waren: «wunderlich hilflos, bereits gegen Wetter», angewiesen auf die nackte Faust, die «kaum gegen einen einzigen Wolf (taugt)»[2].

Es war der teils verborgene, teils erklärte Zweck der technischen Unterwerfung der Natur, daß der Mensch dieser Hilflosigkeit entkäme, daß er sich widerstandsfähiger machte, seiner Existenz die Robustheit hinzufügte, die ihr von Natur aus verwehrt war, daß er sich eines Kraftzuwachses versicherte, den er nicht aus sich selber schöpfen konnte. Heute stehen sich Menschen, seien sie nun von Natur aus wölfisch oder nicht, nicht mehr als Faustkämpfer gegenüber, sondern als maschinell hochgerüstete Kraftpakete.

1 Anders, Günther: Die Antiquiertheit des Menschen, Bd. 2, München 1988, 4. Aufl. S. 20.

2 Bloch, Ernst: Das Prinzip Hoffnung, Bd. 2, Frankfurt 1967, S. 730.

Prinzipiell jeder hat Zugang zu Kraftreserven, die seine eigenen Kräfte exponentiell steigern können. Kaum jemand, der nicht sogar privat einen Maschinenpark befehligt, mit dem er andere bedrohen oder terrorisieren kann: vom Auto über das Telefon, die Lautsprecheranlage, den Computer bis hin zu den handlichen kleinen Feuerwaffen, mit denen sich heute schon Schulkinder für den alltäglichen Überlebenskampf rüsten. Unkontrollierbar viele hantieren mit Kraftzusammenballungen unvorstellbaren Ausmaßes in den Nuklear-, Chemie- und Gentechniklabors, in den Datennetzen und Meinungsfabriken. Schon der befugte Gebrauch dieser Kraftkonzentrate birgt nicht zu bändigende Risiken. Aufgeladen mit Schädigungsabsicht und Zerstörungsinteresse können sie das Schicksal der Gattung besiegeln. Proliferation, die Weiterverbreitung von Know-how und zerstörungsträchtigem Material zu mißbräuchlicher Verwendung (als ob man von geballter Zerstörungskraft einen andern als mißbräuchlichen Gebrauch machen könnte), wird zum Schreckgespenst moderner Gesellschaften.

Jeder auch nur punktuelle Zusammenbruch der Zivilisiertheit von Menschen im Umgang miteinander und mit ihrer Lebenswelt kann den Alltag zum Schauplatz von Kleinkriegen machen, aber auch Katastrophen apokalyptischen Ausmaßes herbeiführen. Es ist kein Geheimnis mehr, daß heutzutage Physikstudenten der mittleren Semester über die Sachkenntnis verfügen, die notwendig ist, um «funktionsfähige Bomben nach dem Prinzip der Kernspaltung»[3] zu konstruieren. Nimmt man die offenbar jederzeit zu gewärtigende Möglichkeit, Plutoniumpäckchen in Gepäckschließfächern deponiert zu finden, hinzu, dann hat man ein realistisches Untergangsszenario beisammen. Oder, um nicht nur die schaudernde Vorstellung zu bemühen, sondern die Tagespresse: Unter der Rubrik «Aus aller Welt», die den Leser gewöhnlich über allerlei skurrile Vorkommnisse des Tages unterrichtet, lese ich in der *Frankfurter Rundschau* vom 26. Mai 1995 unter der Überschrift

3 Lovins, Amory B./Hunter Lovins, L.: Atomenergie und Kriegsgefahr, Reinbek 1981, S. 13.

«Tod von Millionen geplant»: «Die japanische Aum-Sekte wollte nach Angaben ihres Chemiechefs Masami Tsuchiya das lebensgefährliche Nervengas Sarin mit ferngesteuerten Hubschraubern über Tokio verstreuen. (...) Darüber hinaus wurde am Donnerstag bekannt, daß fünf Aum-Anhänger gemeinschaftlich die Rüstungsproduktion des Mitsubishi-Konzerns ausspionierten. (...) Presseberichten zufolge soll die Sekte auch über den Einsatz des Ebola-Virus als Biowaffe nachgedacht haben.»[4]

In Japan ist es zur Auslöschung von Millionen Menschen diesmal nicht gekommen, im World Trade Center hat der vor einiger Zeit im Parkdeck detonierte Plastiksprengstoff seine *äußerste* Wirkung nicht entfaltet, anders in Oklahoma City. Aber dort gab es offenbar noch nicht genug Katastrophe, um die Hoffnung auf das Rettende gleich mit den Gebäuden zum Einsturz zu bringen.

Alltäglicher Kleinkrieg aber auch auf den Autostraßen, wo «jugendliche Raser» – und nicht nur die – sich und anderen im Geschwindigkeitsrausch Tod und Verletzung androhen. Noch alltäglicher der Wasserhahn oder Elektrizitätsschalter, die so eingerichtet sind, daß man sich bei rücksichtsloser Ingebrauchnahme einen überproportional großen Anteil an einem erschöpfbaren Gut sichern kann, auf das alle anderen Zeitgenossen wie auch die Nachkommen angewiesen sind.

«Wo die Gefahr wächst, wächst das Rettende auch»? Woher kommt die Hoffnung, nein: der dreiste Optimismus, daß das Rettende wächst? Solange es immer noch die andern sind, die es trifft, ist die Frage nicht virulent. Von Überwachung und Kontrolle, von Maßnahmen zur «inneren Sicherheit» verspricht man sich viel, selbst wenn dabei reihenweise garantierte Freiheiten draufgehen und selbst wenn erwiesenermaßen die präventive Überwachung lächerlich schnell an ihre Grenzen kommt. Fieberhaft wird daran gearbeitet, die offenbar gewordenen Risiken technisch auf das Niveau von vernachlässigbaren «Restrisiken» herunterzuholen. Daß es ge-

4 «Tod von Millionen geplant», in: *Frankfurter Rundschau* vom 26. Mai 1995, S. 34.

gen alle Gefahr eine technische Rettung gibt, ist allemal die populärste Gestalt der Hoffnung, weil sie handfest und solide erscheint. Der wichtigste Posten im optimistischen Kalkül ist jedoch die Zuversicht, daß die Menschen im großen und ganzen zur Vernunft gebracht und bei der Vernunft gehalten werden können, daß es gelingt, in ihnen die notwendigen «Widerlager gegen das Böse» (Hannah Arendt) durch Aufklärung und Bildung zu verankern, daß dem Prozeß der Zivilisierung letztlich Erfolg beschieden sein wird, daß die Natur an dem Versuch, ein denkendes Wesen hervorzubringen, dem man freilich mit Bildung auf die Sprünge helfen muß, eben doch nicht gescheitert ist.

Es ist kein Zufall, daß man sich zur Eindämmung und Bändigung der Gewaltpotentiale mehr auf die Vernunft als auf Moral und Gewissen verläßt. Die maschinelle Aufrüstung der Individuen und Kollektive hat einen neuen Typus von Gewaltanwendung hervorgebracht. Um die Maschinerie, mit der beinah jeder sein klägliches Selbst frisiert hat, in zerstörerischer Absicht in Gang zu setzen, bedarf es keines flammenden Hasses mehr, keines verzehrenden Neides, keiner maßlosen Habgier. Es genügt kalte Funktionslust, Freude an Perfektion, Könnerschaft und Selbststeigerung. Es genügt die Entschlossenheit, Ereignisse zu veranlassen, Vorgänge präzise und planmäßig abzuspulen, sich als wirkmächtig zu erweisen.

Haß, Neid, Zorn, Eifersucht und Habgier waren von alters her als Laster oder Todsünden bekannt und anerkannt. Ihren Widerpart konnte das Gewissen – oder die Gottes- oder Höllenfurcht – bilden. Der Funktionslust hingegen, die als Unrecht nicht einmal identifizierbar ist, ist das Gewissen nicht gewachsen. Als Kommandeur – oder Handlanger? – seines Maschinenparks ist der Bediener von den Folgen seiner Weltinterventionen abgeschnitten. Das Gerät schiebt sich wohltuend vermittelnd zwischen ihn und die Zerstörung, die er anrichtet: Er ist es nicht gewesen. Mit «der ‹Delegation› von Zerstörung auf ein mehr oder weniger automatisches Ding (...) geht (...) eine Schwächung der persönlichen Verantwortung, des Gewissens, der Schuld und des Schuldbewußtseins einher: nicht ich als (moralisch und körperlich) handelnde Person habe es getan, sondern die Maschine.»[5] Was also sollte sich der Bediener mit der Verausgabung der prothetischen Kräfte, die seine eigenen so eindrucksvoll in den Schatten stellen, aufs Gewissen laden? Die Funktionslust ist der Differenz von Gut und Böse entkommen. Sie kann nur durch klare Vernunft – nüchterne Kosten-Nutzen-Kalküle eingeschlossen – in Schach und bei der Sache gehalten werden.

Keine Bildung für alle – Das Hierarchiegebot

In diesem Kontext hat Bildung nun jeden Hauch von luxurierender Selbstverfeinerung eingebüßt. Sie wird zum existentiellen Erfordernis jeder industriellen Gesellschaft. Wiederum also kein Gedanke daran, sie zu verknappen und zur Rarität zu machen. Im Gegenteil: Es wird den Lehrern abverlangt, das Bildungsspeisungswunder zu vollbringen, mit dessen Eintreten andernorts ganz selbstverständlich gerechnet wird. Skandalös ist allenfalls, daß hier mit ungedecktem Scheck Zukunftsgeschäfte gemacht werden, so als sei es mit der Beauftragung der für die Herstellung von Vernunft zuständigen Institution getan und als könne man sich, nachdem die Schule über ihre Aufgaben ordentlich instruiert worden sei, ungetrübten Sinnes der Produktion weiterer Risiken zuwenden. Bleibt die Schule das Wunder schuldig, so ist das rufschädigend. Läßt sie sich aber bereitwillig die Verantwortung für Risiken andrehen, die sie weder zu verantworten hat noch verantworten kann, so ist das verantwortungslos.

Tatsächlich herrscht ja, allem pädagogischen Elan und Tatendrang zum Trotz, Ratlosigkeit darüber, nach welcher Rezeptur die «flächendeckende» Bildungsimplantation zu bewerkstelligen sei. Geschweige denn, daß man wüßte, wie aus Schulbildung Vernunft und Zivilisiertheit wird. Der unterstellte Automatismus, demzu-

5 Marcuse, Herbert: Aggressivität in der gegenwärtigen Industriegesellschaft, in: ders. e. a.: Aggression und Anpassung in der Industriegesellschaft, Frankfurt 1968, S. 24.

folge die Aufstockung und Verbreitung der Schulbildung einen Zuwachs an Zivilisiertheit oder gar Humanität zwangsläufig im Gefolge hat, ist dem guten Schlaf zwar förderlich, hat sich aber historisch keineswegs bewahrheitet: Den Beweis, daß sich die schlimmste Barbarei mit Gebildetheit, sogar humanistischer, mit Kunstsinn und Musikliebe verträgt, haben KZ-Schergen reihenweise erbracht. «Wenn Max Frisch bemerkte, daß Menschen, die zuweilen mit Passion und Verständnis an den sogenannten Kulturgütern partizipierten, unangefochten der Mordpraxis des Nationalsozialismus sich verschreiben konnten, so ist das nicht nur ein Index fortschreitend gespaltenen Bewußtseins, sondern straft objektiv den Gehalt jener Kulturgüter, Humanität und alles, was ihr innewohnt, Lügen, wofern sie nichts sind als Kulturgüter. Ihr eigener Sinn kann nicht getrennt werden von der Einrichtung der menschlichen Dinge.»[6]

Kurzum: nicht daß der Ruf nach Bildungsvermehrung halbherzig oder heimtückisch wäre, macht den Lehrern Kopfzerbrechen, sondern daß sie unter einen enormen Erfolgsdruck geraten, dem sie nicht standhalten können.

Wenn es aber so wäre, daß alle guten Gründe dafür sprechen, die Bildungsvermehrung als das Gebot der Stunde anzusehen und die Bildungsverknappung als eine Absurdität; wenn über diese Frage Einigkeit bestünde (auch wenn natürlich die Meinungen darüber, was die Bildung kosten darf, weit auseinandergehen), dann kann man nicht gut von einem paradoxen Mandat der Schule reden. Es wäre dann ganz einfach die eine Forderung im Recht und die andere unhaltbar. Paradox wäre die Situation auch nicht, wenn verschiedene gesellschaftliche Interessengruppen Einfluß auf die Schule zu gewinnen trachteten und die einen «Hüh» und die andern «Hott» sagen. Das wäre nichts weiter als ein gewöhnlicher Interessenkonflikt. Paradox und paralysierend wird die Sache erst, wenn dieselben Auftraggeber, sogar im Dienste desselben Interesses, mit einsichtigen Gründen einander ausschließende Anforderungen an die

6 Adorno, Theodor W.: Theorie der Halbbildung, in: ders.: Soziologische Schriften I, Frankfurt 1979, S. 94 f.

Schule herantragen. Dies müßte der Fall sein, um die Ausgangsthese zu stützen. Mit welchen Gründen also und in welchem Interesse könnte für die planmäßige Verknappung von Bildung argumentiert werden?

Die Idee, die Bildung knapp zu machen, ist ebenfalls aus der Sorge um das zivilisierte Zusammenleben der Gesellschaftsmitglieder entstanden. Im äußersten Fall ist die Bildungsverknappung sogar eine Strategie zur Vermeidung von Bürgerkriegen. Worum geht es? Wir leben in einer hierarchisch gegliederten und zugleich demokratischen Gesellschaft. Demokratie und Hierarchie stehen in einem heiklen, aber unauflöslichen Spannungsverhältnis. Die Bürger müssen in verschiedene soziale Ränge eingefädelt werden, doch die verfassungsmäßig verankerten Gleichheitsrechte liefern nicht gerade überzeugende Legitimation dafür, daß die einen im Dunkel landen und die andern im Licht.

Die alten Mechanismen zur Einweisung in die vorhandenen sozialen Ränge haben ausgedient. Auf Standesprivilegien kann niemand mehr pochen. Und Besitztitel sind für den Anspruch auf die gehobenen Positionen mit dem besseren Ausblick zwar immer noch maßgeblich, aber sich auf sie zu berufen ist riskant. Die ungleichen Besitzverhältnisse haben, wie sehr die normative Kraft des Faktischen und jahrhundertelange Gewöhnung sie ins Recht gesetzt haben mögen, doch immer noch etwas von dem durchdringenden Geruch der Beraubung und Ausplünderung an sich. Wer seine gesellschaftlichen Rangforderungen mit Besitz begründen wollte, müßte damit rechnen, daß sich die Besitzlosen unversehens ihrer Gleichheitsrechte erinnern. Das wäre für den Aufenthalt in den luftigen gesellschaftlichen Höhen nicht ungefährlich, wenngleich nicht so gefährlich wie ehedem, als die Habenichtse wirklich arme Schlucker waren, während sie sich heutzutage mehrheitlich eines bescheidenen Wohllebens, zumindest aber einer gewissen Absicherung erfreuen, was ihrer Bereitschaft, sich zufriedenzugeben, ungemein förderlich sein mag. Dennoch, zumindest in Krisenzeiten, wenn Einbußen auch im bescheidenen Wohlstand hingenommen werden müssen, ist es unklug, unter Hinweis auf den Besitz weitergehende soziale Ansprüche geltend zu machen.

Die Besitzhierarchie ist also ein zu grobschlächtiges Ordnungsmuster, als daß sie mit eleganter Machtausübung vereinbar wäre. Elegant ist die Macht dann, wenn die Machtunterworfenen, befangen im Freiheitswahn, sie weder bemerken noch wahrhaben wollen, sie sogar beharrlich leugnen. Elegante Macht ist von souveräner Unauffälligkeit.[7] Dazu ist eine soziale Hierarchie, die sich auf Besitz gründet, nur wenig tauglich. Unelegante Macht aber, die kenntlich und spürbar bleibt, ist immer gefährdet, immer von Aufruhr bedroht. Anders die ungleiche Verteilung von Bildungstiteln: Sie begründet eine Hierarchie, gegen die die schlecht Plazierten nicht gut murren können.

Die Prozedur ist von der Idee her einfach. Sie macht Gebrauch von dem guten Glauben, daß jeder seines Glückes Schmied sei. Alle Gesellschaftsmitglieder nehmen an der rangentscheidenden Bewährungsprobe teil. Um den Anschein der Gerechtigkeit zu wahren, ist es wiederum notwendig, daß niemand übergangen wird. Jeder bekommt seine Chance. Alle werden gewogen und für unterschiedlich schwer befunden. Der Ranganspruch ergibt sich «automatisch» aus dem Gewicht, das jeder einzelne in die Waagschale zu legen vermochte. Die Prozedur ist so arrangiert, daß der Fleiß und die Ambitioniertheit der Konkurrenten als wesentliche Faktoren für den Bildungserwerb erscheinen. Natürlich spielt auch die Begabung eine gewisse Rolle; aber Fleiß, Ehrgeiz, Ausdauer und redliche Bemühung können Begabungsmängel durchaus wettmachen.

Am Ende wird den Teilnehmern das Wiegeergebnis präsentiert. Und da jeder ganz offensichtlich das Resultat selbst zu verantworten hat, bleibt ihm gar nichts anderes übrig, als sich in die Konsequenzen zu fügen und die soziale Rangzuweisung, die dabei herausgesprungen ist, genau als diejenige zu akzeptieren, die er oder sie verdient hat. Eine schlechte Positionierung ist eigenem Versagen geschuldet, und der Versager muß noch dankbar sein, wenn ihm die Scham erlassen wird.

Auf diese elegante Weise werden Hierarchie und Chancengleich-

7 Zur Eleganz der Macht vgl. Gronemeyer, Marianne: Die Macht der Bedürfnisse, Reinbek 1988, S. 30 ff.

heit vereinbar. Natürlich hat in diesem Konzept der Begriff der «Chancengleichheit» eine spezifische Bedeutung angenommen. Ein österreichischer Bildungspolitiker beispielsweise, den ich unlängst schwärmen hörte, in absehbarer Zeit werden, einige Bildungsanstrengung vorausgesetzt, achtzig Prozent der österreichischen Schüler die Schule mit dem Reifezeugnis im Tornister verlassen, hat offenbar seine bildungspolitische Lektion nicht ordentlich gelernt. Denn ersichtlich darf, was prinzipiell jedem einzelnen möglich ist, nämlich den Gipfel der sozialen Hierarchie via Bildung zu erklimmen, nicht *allen* möglich sein. Sonst ginge die Rechnung nicht auf. «If everyone stands on tiptoe no one sees better.»[8] Darum muß dafür Sorge getragen werden, daß Bildung als Eintrittsbillett für die mittleren und gehobenen gesellschaftlichen Ränge nicht für alle reicht. Bildung muß knapp gemacht werden. Diese Feststellung setzt voraus, daß Bildung *an sich* nicht knapp, sondern überreichlich vorhanden ist und daß es besonderer Vorkehrungen bedarf, um den Bildungsüberschuß abzubauen. Wie also wird Bildung knapp?

Das politische Fernsehmagazin *Monitor* widmete kürzlich seine kritische Aufmerksamkeit dem Schicksal kretischer Orangen. Orangen gedeihen seit alters her in dem ihnen günstigen Klima der Mittelmeerinsel. Heutzutage besser denn je; denn man läßt ihnen unter Mißachtung ökologischer Belange allerlei düngerische Wachstumshilfen zugutekommen und bewahrt sie mit erprobten Mitteln vor Schädlingsbefall. So werden der Natur reiche Erträge und pralle Früchte abgerungen. Doch wenn dann die Früchte erntereif sind, wird der Großteil von ihnen direkt vom Baum weg auf riesigen Abfallhalden zusammengekarrt und der Verrottung überlassen, keiner sang- und klanglosen allerdings, weil die Orangen ihre Makellosigkeit nun einmal einer guten Beigabe von verrottungsresistenter Chemie verdankten. Der kleine Rest wird zu Markte getragen, wo sich zeigt, was die Orange wert ist, nämlich so viel, wie es einem knappen Gut zukommt. Der Tauschwert der marktgängigen

8 Hirsch, Fred: Social Limits to Growth, Cambridge/Massachusetts 1978, S. 5 ff.

Orange bestimmt sich nach der Menge der ausgesonderten Artgenossen. Je mehr davon auf der Müllhalde landen, desto besser, will sagen teurer, steht sie da.

Und die Bauern? Was wird aus ihnen, wenn sie zu der Einsicht kommen, daß ihr Arbeitsleben der Herstellung eines stinkenden, giftigen und ekelerregenden Abfallhaufens dient? Sie haben dem Bericht zufolge weder die Hände in den Schoß gelegt, noch sind sie Amok gelaufen gegen die, die sie so zum Narren halten. Sie produzieren vielmehr weiter wie eh und je. Mit besonderem Ameisenfleiß sogar, so als sei ihre Arbeit zu etwas nütze. Man zahlt ihnen – das ist das Geheimnis ihres Wiederholungszwanges – Prämien für die Abfallproduktion, und zwar je nach Menge. Je mehr untadelige Orangen sie der Müllhalde zur Verfügung stellen, desto besser fühlt sich ihr Portemonnaie an; Grund genug offenbar, die eigensinnige Frage nach dem Nutzen ihres Tuns hintanzustellen.

Nicht ganz so, aber so ähnlich wird auch Bildung knapp gemacht. Bildung und Orangen, Bauern und Lehrer, Märkte und Schulabschlüsse haben mehr miteinander zu tun, als man glauben möchte. Und was wir bei der Orangenproduktion noch skandalös und absurd finden mögen, eine Zumutung für einen normal arbeitenden Verstand (wenn auch offenbar nicht für den ökonomischen), haben wir bei der Produktion von «Bildung» längst bereitwillig geschluckt.

Ehe sich die Auffassung durchsetzen und zur modernen Selbstverständlichkeit mausern konnte, daß man mit einer aufwendigen Bildungsausstattung seinen Wert auf dem Markt der Lebenschancen in die Höhe treiben kann, mußte allerdings die Bildungsidee in ihrer ursprünglichen Fassung aus dem Verkehr gezogen und vollkommen umgestülpt werden. «Bildung» wurde gleichsam von einem flüssigen in einen festen Aggregatzustand überführt. In ihrer fluiden Form ist Bildung ein Gemisch aus Tun und Geschehen, aus Aktivität und Ereignis; sie findet statt an beliebigem Ort, unter unvorhersehbaren Umständen, aber auch im Gefolge ernster Absichten und als Ergebnis wohldurchdachter Erkenntnisschritte; sie kann schmerzlich und leicht sein, streng und leicht-sinnig, schwer errungen und mühelos zugefallen; sie kann dem plötzlichen Einfall entspringen oder der in schlaflosen Nächten herbeigebrachten Einsicht. Im Bildungsbegriff dieses Sinns ist beides aufbewahrt: die lapidare Feststellung, daß für den Menschen Lernen unvermeidlich ist, da er als lernendes Wesen in die Welt kam und mit einem «Automatismus des Nicht-nicht-lernen-Könnens» ausgestattet wurde, so daß «nicht Lernen, sondern Nichtlernen (...) das erklärungsbedürftige Phänomen» ist.[9]

Obgleich also für den Menschen prinzipiell jede Weltbegegnung lernträchtig ist, so hat er doch – und das ist der andere Aspekt dieses Bildungsgedankens – die Fähigkeit und die Aufgabe, dem bloßen Widerfahrnis, der naturhaften Beeindruckbarkeit Sinn und Richtung zu geben, die Mühsal und Beschwernis bewußter Weltbefragung auf sich zu nehmen, das Risiko des Verwandeltwerdens mit ungewissem Ausgang einzugehen, alle Anstrengung auf die Überwindung der Barbarei zu richten, kurz: *sich zu bilden* zum Besseren hin.

Offensichtlich kann das überall und jederzeit mögliche Vorhaben des Sich-Bildens nicht knapp sein, es kann nicht verwaltet und bewirtschaftet werden, denn diese Bildung gedeiht, wo jemand sich fragend und wachen Sinnes zu seiner Mitwelt verhält. Überall gibt es Menschen, die in irgendeiner Kunst geschickter sind als andere, die von irgendeinem Metier mehr verstehen als andere, die einen reichen Erfahrungsschatz in sich tragen; vieles wurde aufgeschrieben, auf manches kann man sich, ernste Hingabe an den Gegenstand und einige Erfahrung und Übung vorausgesetzt, nachdenkend selbst einen Reim machen, der auch nicht schlechter klingt als der sogenannt verbürgte. Niemand, der sich auf diese eigensinnige Weise bildet, macht es andern unmöglich, das gleiche zu tun.

Bildung dieses Sinns ist ein «transzendenter Vorgang ‹ohne Mittel›»[10] und auch ohne Vermittler. Die Rolle des Veranstalters bleibt unbesetzt. Wofern in diesem Akt der Part des Lehrers überhaupt

9 Habermas, Jürgen: Legitimationsprobleme im Spätkapitalismus, Frankfurt 1973, 2. Aufl., S. 28.

10 Ritter, Joachim (Hg.): Historisches Wörterbuch der Philosophie, Bd. 1, Art. Bildung, Basel 1971, Sp. 922.

vorkommt, so wäre das eine Figur, von deren Wissen, Erfahrung und Erkenntnis man zehren könnte, keinesfalls aber hätte er Lern-Permits zu vergeben oder Zensur auszuüben. Da in diesem Bildungsszenario der Lernende notorischer, wenn auch bisweilen um Rat verlegener, Selbstbildner und Selbstverwandler ist, entfiele auch des Lehrers «nobelste» Aufgabe, nämlich die, andere bilden zu müssen. «Homo educandus, das erziehungsbedürftige Mängelwesen» (I. Illich), ist noch nicht erfunden.

Erst wenn Bildung zweideutig wird, wenn die Vorstellung, daß Menschen «in tätigem Weltumgang» auf ihre je eigene Weise und mit den unterschiedlichsten Ergebnissen ihre «Individualität ausformen» (J. W. Goethe)[11], der Gewißheit weicht, daß sie zu ihrem menschlichen Wesen emporentwickelt *werden* müssen; wenn also die Bildung in erster Linie als ein Vorgang erscheint, den jemand, der dazu berufen ist oder sich berufen glaubt, am andern vollstrekken muß; kurz: erst wenn Bildung eine «Exekution» ist, sind die Voraussetzungen dafür geschaffen, daß sie knapp gemacht werden kann.

Lernen in der Lernwüste – Das Standardisierungsgebot

Mehr als dieser definitorische Kunstgriff, der aus lernenden lern- und belehrungs*bedürftige* Wesen machte, war nicht vonnöten, um die ganze Latte von Maßnahmen zur Bildungsverknappung vernünftig und geboten erscheinen zu lassen. Nach dieser Neudefinition sind Menschen mit einem Schlag darauf angewiesen, sich Lerngelegenheit gewähren und Bildung verpassen zu lassen. Auf einmal kann sich Bildung nicht mehr überall und zu jeder Zeit in jedweder Gestalt und überraschend ereignen, sie wird «veranstaltet». Die lernbedürftigen, ihrer Bildungssubsistenz beraubten Mängelwesen müssen sich ihre Bildung dort abholen, wo sie ihnen

11 Ebenda, Sp. 924.

verabreicht wird, zu der Zeit, die dafür vorgesehen ist, unter Umständen, die von den «Veranstaltern» als optimal lernträchtig erachtet werden, auch wenn sie den «Veranstalteten» als unheilvoll erscheinen mögen. So jedenfalls beschreibt Emil M. Cioran seine Übersiedlung aus der Bildungslandschaft in die Bildungsanstalt: «Mein Dorf liebte ich innig. Als ich zehn Jahre alt war, mußte ich es verlassen, um in der Stadt aufs Gymnasium zu gehen. Das war für mich eine Schicksalsprüfung, die ich nie vergessen werde. Das Schauspiel eines Tieres, das zum Schlachthof geführt wird. Die zu Tode Verurteilten haben vermutlich vor der Hinrichtung ähnliche Gefühle. Ich *wußte*, daß ich alles verlor, daß ich aus meinem Garten Eden vertrieben wurde und daß ich eine solche Strafe nicht verdiente.»[12]

Wo die Schule sich etabliert, bricht Bildungsdürre aus. Mit einem großen Kahlschlag macht sie ihr Umfeld zur Lernwüste. Sie reklamiert für sich ein radikales Vertriebsmonopol in Sachen Bildung und erklärt alles Lernen, was sich jenseits ihrer Einflußsphäre ereignet, für null und nichtig. Natürlich kommt das Lernen, das nicht von ihr veranlaßt ist, nicht einfach zum Erliegen – wäre das anders, dann wäre der Mensch eben doch kein lernendes Wesen. Nur ist, was dabei herauskommt, nicht einen Heller wert für den mit der Bildung angestrebten heimlichen Hauptzweck, nämlich einen gehobenen Rang in der gesellschaftlichen Hierarchie einzunehmen und damit auch an der ökonomischen Prosperität teilzuhaben.

Die Schule lehrt: nur von ihren Gnaden kann man auf eine Weise gebildet werden, die zählt und sich rechnet. Was ansonsten dreist und auf eigene Faust gelernt wird, gilt nichts. Es ist wie die überschüssige Orangenproduktion auf Kreta nicht markt-, sondern nur müllfähig. Allein die Prozeduren, Verfahren und Reglements, die sie vorsieht, führen zum Ziel und gewährleisten *anerkannte Bildung*. Nur die Schule kann ihren Probanden das begehrte Bildungs-

12 Cioran, Emil M.: Die negative Seite des Fortschritts, in: Peter Sloterdijk (Hg.): Vor der Jahrtausendwende: Berichte zur Lage der Zukunft, Bd. 2, Frankfurt 1990, S. 663 f.

gütesiegel aufdrücken. Es gibt allerdings ein winziges Kontingent an suprainstitutioneller Privatgelehrsamkeit; sie stellt die elitebildende Ausnahme dar und ist nicht nur markt-, sondern sogar hoffähig. An der äußersten Spitze der Bildungshierarchie ist man eben wieder frei, *sich zu bilden*, ohne seinen Anspruch auf Anerkennung zu verwirken.

Es bereitet unbestreitbar Mühe, sich die Schule (nebst Hochschule und institutioneller Erwachsenenbildung) so unnachgiebig gegenüber jeder Durchlöcherung ihres Bildungsvertriebsmonopols vorzustellen. Noch schwieriger ist es, der Logik zu folgen, daß qua Bildungsinstitution erst zerstört werden muß, was danach qua Bildungsinstitution wieder instandgesetzt werden soll, nämlich Bildungsbereitschaft und Bildungsgelegenheit, eine Absurdität, die schon gut kaschiert sein will, um nicht anstößig zu sein.

Hat sich jedoch der Anspruch erst einmal Geltung verschafft, dann ist jede eigenmächtige Bildung *Schwarzlernen*. Schwarzlernen ist das Pendant zur Schwarzarbeit; wie diese «ohne Beziehung zum Zentrum, von ihm weder veranlaßt noch kontrolliert (...), eine List gegen den Fall des (...) Standards (...), von der Macht der Zentrale unabhängig (...), lässig und aktiv zugleich»[13] – und darum den Bildungsmonopolisten ein Ärgernis. Um die aufsässige Schwarzlernerei zu entmutigen, sind viele Mittel recht.

- Das schlagende Argument gegen die dezentralen wildwüchsigen Bildungsbrutstätten ist schon genannt. In ihnen entsteht keine Bildung, die für die Rangzuweisung belangreich wäre.
- Darüber hinaus ist es gelungen, den Glauben an die Überlegenheit der institutionellen Bildung zu nähren und sie als einzig seriöse und solide ins rechte Licht zu setzen. «Weil Bildung durch Schulen legitimiert wird, besteht die Neigung, alle nichtschulische Bildung als Zufall, wenn nicht gar als Fehltritt anzusehen.»[14] Der Autodidakt ist eine lächerliche oder bemitleidenswerte Figur.

13 Lyotard, Jean-François: Das Patchwork der Minderheiten, Berlin 1977, S. 29f.

14 Illich, Ivan: Schulen helfen nicht, Reinbek 1972, S. 34.

Das Wort taugt prächtig zur Beschreibung des Scharlatans, des Stümpers, der zu hoch hinaus will und seine Unzulänglichkeit unterschätzt, dem allenfalls gute Absichten und redliches Bemühen nachgesagt werden können, der aber gute Ergebnisse notwendigerweise schuldig bleiben muß. Es sei denn, er betätigte sich als Selbsthelfer, der seine Bildungsbedürftigkeit einsieht, die Ziele und Zwecke des Monopols zu seinen eigenen macht und sich gleichsam auftragsgemäß und ferngesteuert selbst kontrolliert und verwaltet.

- Zum Repertoire der Zensur der Schwarzbildung gehört auch die Besorgnis. Eltern, die es gut mit ihren Kindern meinen, haben gelernt, sie beinah von Geburt an als künftige Schulabsolventen zu betrachten. Mit Sorge beobachten sie, ob sich die Kleinen schultauglich entwickeln – und wo nicht, wird ihrer Schulverträglichkeit «nachgeholfen». Originelle und eigensinnige Weisen der Welterkundung müssen eher zurückgestutzt als honoriert werden, um die Kinder nicht für die Schulkarriere zu verderben. Haben sie das schulpflichtige Alter erreicht, dann entscheidet endgültig ihre «Schulfähigkeit» darüber, ob sie als normal oder gestört zu gelten haben.
- In äußerster Bedrängnis setzt sich das staatliche Bildungsmonopol gegen seine Infragestellung sogar mit erpresserischen Mitteln zur Wehr. Es gibt einen spektakulären Fall, in dem eine Landesregierung das Schwarzlernen ihrer Bürger für unstatthaft erklärte: Beim Kampf gegen das Kernkraftwerk in Wyhl hatten die protestierenden Bürger auf dem vorgesehenen Bauplatz eine Volkshochschule in Eigenregie gegründet. Ort der Handlung war eine selbstgebaute geräumige Rundhütte, in der man sich zum Lernen und Debattieren um eine Feuerstelle sammelte. In dieser Volkshochschule konnte jeder lehren, vorausgesetzt, er oder sie verpflichtete sich, strikte parteipolitische Neutralität zu wahren, das Prinzip der Gewaltlosigkeit zu achten und kein Geld zu verlangen für diese Lehrtätigkeit. Der «Lehrbetrieb» in der Volkshochschule Wyhler Wald kostete demzufolge die öffentliche Hand nicht einen Pfennig. Dennoch machte die Landesregierung in Stuttgart ihre Bereitschaft, mit der betroffenen Bevölkerung

zu verhandeln, davon abhängig, daß zuvor die Bildungsstätte ihren Lehrbetrieb einstellte. Eine peinlich unelegante Selbstoffenbarung, die die monopolistischen Bestrebungen des staatlichen Bildungswesens übergrell beleuchtete. Die Wyhler Bürger haben die Forderung entschieden zurückgewiesen.

Im allgemeinen aber hat man sich daran gewöhnt, die drastische Verknappung der Bildung, die der Exklusivanspruch des staatlichen Bildungswesens zuwegebrachte, vernünftig zu finden, ja sogar für einen Segen zu halten und für eine angemessene Implementierung des Gleichheitsgebotes. Nicht daß sich jeder auf seine Weise bilden kann, sondern daß jeder gebildet werden kann, scheint danach Gerechtigkeit zu verbürgen.

Das schulische Umfeld wird zur Bildungswüste jedoch nicht nur, weil das dort Gelernte unergiebig und als Tauschmittel wertlos ist. Wüst, öde und bildungsleer werden die Lebensumstände vor allem dadurch, daß die bloße Vorhandenheit der Bildungsinstitutionen das Weltverhältnis der Menschen gründlich ändert. Wenn als ausgemacht gilt, daß die Schule die Bildungsstätte schlechthin ist, dann hat die Welt als Bildungsstätte sich erübrigt. Man wird nun nicht mehr in ihr und durch sie gebildet, sondern über sie gebildet, will sagen: planmäßig belehrt. Schon G. Ch. Lichtenberg stellt jedoch fest: «Die Welt ist nicht da, um von uns erkannt zu werden, sondern uns in ihr zu bilden.»[15] Hat sie aber als Erfahrungsraum ausgedient, ist sie nicht mehr der sinn- und bedeutungsstiftende Dialogpartner meiner Eigenbildung, dann kann ich mich nach anderer Verwendung für sie umsehen. Die Welt, die nicht mehr Bildungsort ist, kann bedenkenlos zur Ressource gemacht und zu rabiater Ausplünderung freigegeben werden.

Wie wir wissen, ist es der Welt nicht gut bekommen, daß sie nicht mehr bildsam zu sein brauchte, und den Individuen nicht, daß sie sich abgewöhnen ließen, sich in der Welt zu bilden. Denn sie lernen ja trotz alledem mehr durch die realen Verhältnisse als

15 Lichtenberg, Georg Christoph: Sudelbücher, Heft J 898, in: Schriften und Briefe Bd. 1, Frankfurt 1994, 3. Aufl., S. 779.

durch die organisierte Belehrung[16]. Nur ist das ein Lernen, bei dem sie nicht mehr Herr im eigenen Hause sind, das die Pforte des Bewußtseins unbemerkt passiert; Konditionierung eher als Gewahrwerden; schleichende Gewöhnung an betonharte Faktizität; Indoktrination durch das Unabänderliche. Jedweder Fragwürdigkeit wird dabei der Garaus gemacht. Ungefragt und ungebeten wandern die Verhältnisse in die derart geistesabwesend Anwesenden ein, belegen sie mit Beschlag und ergreifen von ihnen Besitz. Denn das Lernen, auf das sie aufmerksam sind, ist der Schule vorbehalten. In Abwandlung eines Satzes von Erich Fromm, der feststellt, daß man in der Haben-Kultur nicht lebe, sondern gelebt werde, könnte man sagen, daß man in der Bildungswüste nicht lerne, sondern gelernt werde.

Mittlerweile kommt die Schule mit ihrem exklusiven Anspruch auf Weltbelehrung sogar einer Fürsorgepflicht nach. Die Umstände, also die Dinge, die uns umstehen, sind immer weniger lehrreich. Die Gerätewelt, die die Lebenswelt zunehmend verdrängt, um sie schließlich ganz zu substituieren, wurde mit jeder technischen Revolution verklausulierter. Wenn man beispielsweise die Bildtafeln der Diderotschen Enzyklopädie zur Hand nimmt, die die Gewerke mit ihrer technischen Ausrüstung auf dem Vollständigkeitsstand des späten 18. Jahrhunderts zeigen[17], dann erweist sich das dort abgebildete Gerät als erstaunlich selbstoffenbarend. Auch als Laie kann man sich eine Vorstellung davon machen, wozu das jeweilige Werkzeug gut war. Es gab in seiner Gestalt seinen Daseinszweck zu erkennen. Man kann die besondere Weise seines Wirkens aus ihm herauslesen. Man kann ohne große Belehrung wissen, wie aus ihm Nutzen gezogen werden kann, wie es den Kraftaufwand für bestimmte Verrichtungen minimiert, welche Ergebnisse mit ihm erzielt werden können, aber auch welche Gefahren in ihm stecken. Die Gerätschaften gaben dem aufmerksamen Betrachter durch ihre äußere Beschaffenheit Auskunft über sich selbst, und zwar deshalb, weil sie die organische Ausstattung des

16 Beck, Johannes: Der Bildungswahn, Reinbek 1994, S. 43.
17 Diderots Enzyklopädie. Die Bildtafeln 1762–1777, München o. J.

Menschen teils nachahmten, teils spezialisierten, um deren Wirkungsgrad zu erhöhen. Der Mensch «hat den Nagel zur Feile, die Faust zum Hammer, die Zähne zum Messer gesteigert».[18]

Das moderne Gerät ist zur Verschlußsache geworden. Es schweigt sich über sich selber aus. Es hat den Zustand der Organähnlichkeit weit hinter sich gelassen. Unsere Sinne und unsere Deutungskompetenz sind ihm nicht gewachsen. Die ästhetische Designer-Eleganz einer Rakete verrät nichts über ihre völkermörderische Zwecksetzung. Chips und Module, die Informationspakete, Steuerungseinheiten und Kommandozentralen der modernsten Apparaturen sind für den Betrachter vollkommen nichtssagend und unkenntlich. Kernkraftwerke bieten sich nur als bombastisches Containment dar. Nur wer über sie belehrt ist, ahnt etwas von der unvorstellbaren Energie, die darin eingesperrt ist. Die Bedienung des Gerätes ist kinderleicht, aber etwas über sein Inneres, sein Funktionsgesetz und seine Gefährlichkeit zu wissen ist nur dem Experten und auch dem nur bruchstückweise möglich. Hinzu kommt noch der immer raschere Generationswechsel in den Gerätschaften. Kaum daß man glaubt, mit ihnen für den Alltagsgebrauch vertraut genug zu sein, sind sie schon wieder überholt und landen auf der Müllhalde der Technikgeschichte. So hinken die Erfahrungen stets hoffnungslos den Neuerungen hinterher.

Auch dadurch also, daß die zur Gerätewelt erstarrte Lebenswelt ihre Mitteilsamkeit eingebüßt hat, wird Bildung knapp. Die Kehrseite dieser Knappheit gibt sich, wie wir gesehen haben, in dem Ruf nach Bildungsvermehrung von der Art der Gebrauchsanweisungspädagogik zu erkennen. Information über den neuesten Stand des Gerätes wird zur praktischen Lebenshilfe. Und das heißt, daß der herzhafte Entschluß, die von der Schule verordnete Bildungsknappheit zu ignorieren, auf die von ihr verwalteten Gratifikationen zu pfeifen und wieder dreister Schwarzlerner zu werden, nicht mehr reicht, um die Bildungswüste zum Ergrünen zu bringen. Die Desertifikation ist zu Teilen irreversibel, wenn das Lernumfeld stumm und verschlossen ist.

18 Bloch, Ernst: Das Prinzip Hoffnung, Bd. 2, Frankfurt 1967, S. 731.

Die Schule hat sich jedoch nicht damit begnügt, die Bildung zu zentralisieren, sie hat sie auch standardisiert. Aus der Fülle dessen, was gelernt und gelehrt werden könnte, dessen, was gewußt, gekannt und in Erinnerung gerufen werden könnte, dessen, was zu bedenken, zu betrachten, einzusehen oder zu erfahren man wichtig finden könnte, aus der Fülle der Künste, Geschicklichkeiten, Kenntnisse und Fähigkeiten, auf die jemand verfallen könnte, hat sie ein gewisses Kontingent ausgesondert und zum Standard ernannt.

An diesem Standard müssen sich die Bildungskonkurrenten bewähren, er ist das Lernpensum, das alle abdienen müssen. Nicht «jedem das Seine», sondern «allen das Gleiche» ist fortan die Devise, von der man sich die Möglichkeit gerechter Bewertung verspricht. Darum die Hysterie in der Frage des Zentralabiturs, der landesweiten (am liebsten europaweiten) Vereinheitlichung aller Prüfungsanforderungen zwecks optimaler Vergleichbarkeit. Wenn penibel allen das Gleiche abgefordert wird, dann herrscht, dieser Logik zufolge, Gerechtigkeit. Ein Karikaturist hat diese Sorte Gerechtigkeit aufgespießt, indem er mit seinem Zeichenstift unter einem tropischen Baum ein Sortiment von «Schülern» versammelte, einen Affen, einen Goldfisch im Glas, einen Papagei, eine Schnecke und, sagen wir, einen Elefanten. Ihnen gegenüber ein Lehrer, vielleicht ein Löwe, der von Gerechtigkeit faselt und deshalb allen die gleiche Aufgabe stellt, nämlich, den Baum zu erklimmen. Die Einsicht, daß dem dekretierten Bildungsstandard gegenüber – herkunftsbedingt – nicht alle die gleichen Erfolgsaussichten haben, und daß – um im Bilde zu bleiben –, wenn die Aufgabe nicht auf Baumklettern, sondern Bassinschwimmen hinausliefe, der Goldfisch besser dastünde, und wenn's ans Fliegen ginge, Affe, Goldfisch, Löwe und Elefant ziemlich armselig aussähen, ist eine Plattitüde und durchaus auch schlichteren Gemütern, wie sie Bildungspolitikern eigen sein mögen, zuzumuten. Dennoch hat die Idee der Vereinheitlichung nichts von ihrer Attraktivität eingebüßt, und zwar wiederum, damit «Bildung», nämlich die seitens der Schule autorisierte, nicht allen zugänglich sei.

Wie jeder Standard, so entfaltet auch der Bildungsstandard eine wundersame Wirkung. Er erscheint als «eine Quelle von Autorität» und als ein objektiver «Gradmesser für Leistung». Er ist ein «verbindlich autorisiertes Beispiel für Korrektheit». Es ist fast unmöglich, die im Standard transportierten Geltungsansprüche zu bezweifeln, ohne in den Verdacht zu geraten, man habe mit der «Idee von Qualität» nichts im Sinn. Und schließlich repräsentiert er ein «normatives Noch-nicht» (I. Illich), das eingelöst zu werden verlangt und dessen Anspruch sich niemand ungestraft entwinden kann, wenngleich viele daran scheitern werden.[19]

Es ist wichtig, hierbei den Unterschied zwischen *Standard* und *Kanon* nicht zu verkennen. Wo um den Kanon gerungen wird, da geht es um die Feststellung eines Kernbestandes von unumstößlich essentiellen Inhalten, die das Wesen einer Sache ausmachen. Der Standard ist gegenüber den Inhalten, auf die er angewandt wird, nicht wählerisch. Er bezeichnet nur die Höhe, in der die Meßlatte angebracht wird, und die ist variabel, je nach Konjunkturlage, je nachdem wie die Verteilungskurve, das gewünschte Endergebnis des Konkurrenzaustrags, aussehen soll. Gegenwärtig zum Beispiel soll sie höher gehängt werden. Die Bundesrektorenkonferenz, die jedes halbes Jahr in einem andern Bundesland zusammentritt, um dort «die jeweilige Schullandschaft unter die Lupe zu nehmen», stellte im September 1992 besorgt fest, die «Wege zum Abitur (seien) viel zu breit geworden». Und folgerichtig wird vom gleichen Gremium «die hohe Studienabbrecherquote von 30 Prozent nicht etwa mit den schlechten Bedingungen an den Unis, sondern mit der mangelnden Hochschulreife der Abiturienten erklärt».[20] Die Latte muß bei heutiger Arbeitsmarkt- und Hochschullage nach oben, damit mehr Abitur-Aspiranten an der Hürde scheitern und die Marke verfehlen.

So wäre also der oft erbittert geführte Streit um die schulischen Inhalte und die Lehrplangestaltung eine reine Farce? In gewissem Sinne ja; wiewohl es für die heimliche Indienstnahme der Schule für bildungsfremde Zwecke durchaus klug sein mag, so zu tun, als

19 Williams, Raymond: Keywords. A Vocabulary of Culture and Society, Fontana 1981, 7. Aufl., S. 248 ff (Übersetzung M. G.).

20 «Zu breite Wege zum Abitur», in: *taz Hamburg* vom 26. 9. 1992, S. 29.

hinge das Wohl und Wehe der Schüler sowie der Sinn des Lehrerberufs davon ab, wie die in der Schule verwalteten Lernstoffe beschaffen sind. Unter dem Gesichtspunkt der Standardisierung der Bildung ist es jedoch allenfalls von Belang, daß alle Bildungsinhalte, die meßbar und wägbar sind, jenen schmuddeligen vorzuziehen sind, die sich gegen präzise Bewertungsprozeduren sträuben.

Relevant ist die Inhaltsfrage aber natürlich für die Entscheidung, wer im Bildungsrun begünstigt werden soll, die Affen oder die Schnecken, anders gesagt: die Bürger oder die Proleten, die ohnehin Bevorzugten oder die Benachteiligten. Das entscheidet über die Frage, welches Herkunftsmilieu im Bildungsstandard repräsentiert sein wird. So wie die Dinge bis dato lagen, waren die bildungsbürgerlichen Schichten gut plaziert. Künftig könnte sich das Blatt zugunsten der technisch-naturwissenschaftlichen Intelligenzen wenden.

Wie dem auch sei, alles was an Lebenskunst und Lerngut vom Bildungsstandard nicht erfaßt wird, was in die Bewertungsprozedur nicht einbezogen ist, wird wertlos. So trägt auch die Standardisierung wie die Zentralisierung zur nachhaltigen Verknappung der Bildung bei. Die eine entwertet die Bildungsinhalte, die andere verwüstet die Bildungsgelegenheiten.

Nachdem die «Bildung» in der Schule in großflächigen Monokulturen angebaut, nachdem den kümmernden Pflanzen allerlei Wachstumshilfen in Gestalt von Motivierungs- und Didaktikpushs beigegeben worden waren, stellte sich dann heraus, daß die «Produkte» bei weitem nicht alle markttauglich geraten waren. Am Ende aller außerordentlich kostspieligen Maßnahmen ist die Bildung endgültig in einen festen Aggregatzustand überführt, zur *hardware* geronnen. «Bildung» bezeichnet nun nicht mehr den Vorgang der Selbstverwandlung von Individuen, nicht einmal mehr deren Verfassung, also den Zustand der Gebildetheit, auch nicht den Bildungsstoff, jenen Klumpen Kulturgut, der legitime und verbürgte Bildung zu hecken imstande ist. Zu guter Letzt ist sie zum *Besitzstand* geworden, den jemand erworben oder verfehlt hat; und der wiederum ist inkorporiert in einen Fetzen Papier, eine amtliche

Beglaubigung der Geeignetheit für die einen und der Untauglichkeit für die meisten. Wem das als eine Talfahrt in der Geschichte der Bildungsidee erscheint, der hat sich immerhin ein klares Urteil bewahrt.

Eine Paradoxie gebiert die nächste

Bildungsvermehrung oder -verbreitung und die Verknappung der Bildung sind also die Leistungen, die der Schule gleichzeitig und mit gleicher Dringlichkeit, unbekümmert um ihre Unvereinbarkeit, abverlangt werden, und zwar um der gesellschaftlichen Befriedung willen. Eine Paradoxie gebiert jedoch die nächste. Sofern Bildung das Unterpfand für einen dennoch guten Ausgang der Fortschrittsgeschichte ist und die Hoffnung nährt, der Rückfall in die Barbarei könne durch sie verhindert werden, ist es keineswegs beliebig, was zum Bildungsinhalt erkoren wird. Das «Wahre, Gute und Schöne» in die Seelen der Nachkommen einzupflanzen ist das mindeste, was man sich bei solcher Zwecksetzung vornehmen muß, auch wenn man von der dunklen Ahnung beschlichen werden mag, daß das Wahre, Gute und Schöne sich seiner Verzwekkung – und sei es für die Rettung der heruntergewirtschafteten Welt – hartnäckig widersetzt; nein, nicht einmal das: sich vielmehr – zum bloßen Mittel erniedrigt – lautlos verflüchtigt.

Andererseits aber ist, wenn Bildung als Mittel der Zugangsbeschränkung für gesellschaftliche Positionen benötigt wird, das «Wahre, Gute und Schöne» gewiß nicht auf der Agenda, wie überhaupt die Inhalte sich dann nur am Kriterium ihrer blitzsauberen Bewertbarkeit messen lassen müssen. So wird also den Lehrenden und Lernenden zugemutet, die Frage, was zu lernen sei, gleichzeitig für lebenswichtig und für völlig belanglos zu halten. Auch eine Widersprüchlichkeit, an der man rüttelköpfig werden muß.

Und weiter: Verspricht man sich von der Bildung die Verhinderung künftigen Unheils, geht es ernstlich um die «Entbarbarisierung auf dem platten Lande»[21], dann muß es den Anbietern vordringlich darum zu tun sein, die sogenannten bildungsfernen Schichten zu erreichen, dann gilt die erste Sorge den «mit der Kultur nicht ganz Mitgekommenen»[22]. Das würde eine eindeutige Bevorzugung der in der bisherigen Bildungsgeschichte Benachteiligten erforderlich machen. Ist demgegenüber jedoch die friedliche Einsortierung in die knappen sozialen Ränge das Ziel, dann kann man nur froh darum sein, wenn die «bildungsfernen Schichten» da bleiben, wo sie sind, jedenfalls den höheren Bildungsanstalten fern. Man vermeidet damit unnötiges Gedränge. Wo der Andrang groß ist, muß unvermeidlich die Zurückweisung schroff sein.

Den Lehrenden wird also auferlegt, die Benachteiligten gleichermaßen anzuziehen, zu umwerben und bevorzugt zu fördern und sie zu vernachlässigen, ja abzuschrecken. Und den Lernenden wird abverlangt, sich ansprüchlich und energisch am Gedränge zu beteiligen und ihm gleichzeitig in einer maßvollen Lethargie den Rücken zu kehren. Wie macht man das?

Schließlich: Bildungsverknappung ist zwar eine Befriedungsmaßnahme, aber um der Befriedung willen muß die Schule ein veritabler Kriegsschauplatz werden, auf dem die Konkurrenten mit harten Bandagen aufeinander losgehen. Und während sie lernen, sich rigoros zu behaupten, die Schwächen anderer geschickt und listig in eigene Vorteile zu verwandeln, während ihnen tagtäglich vorgehalten wird, daß ihr Erfolg daran hängt, daß sie möglichst viele Gegner zur Strecke bringen, während sie sich die dafür erforderliche Rüdigkeit im Umgang mit andern antrainieren und die Vorstellung von Fairness in sich niedermachen, sollen sie sich zugleich Zivilisiertheit und Humanität, Freundlichkeit und Verläßlichkeit (H. v. Hentig), die Tugenden des «Rettenden» aneignen. Noch einmal: Wie geht das?

21 Adorno, Theodor W.: Erziehung nach Auschwitz, in: Ders., Erziehung zur Mündigkeit, Frankfurt 1971, S. 94.

22 Ebenda, S. 94.

Exkurs II: Die Gewalt der Schule

Wäre man in der besorgten Debatte um die grassierende Gewaltneigung der Jugendlichen jener bestens legitimierten Gewalt eingedenk, die von der Schule selbst ausgeht, die sie im gesellschaftlichen Auftrag routinemäßig praktiziert und die das Kernstück ihres heimlichen Lehrplans ausmacht, dann müßte man sich fragen, ob ausgerechnet die Schule dazu berufen ist, gegen die Gewaltbereitschaft der Jugendlichen einzuschreiten. Wird nicht der Bock zum Gärtner gemacht, wenn sie beauftragt wird, in ihrem offenen Lehrplan die Gewalt zu brandmarken, die sie in ihrem heimlichen einübt? Was sollen Schüler glauben, wenn die Moral, die die Schule predigt, den Erfolgskriterien, die in ihr gelten, vollkommen entgegengesetzt ist? Die Schüler sollen solidarisch, kameradschaftlich, verläßlich, sozial, rücksichtsvoll, vorurteilsfrei und tolerant sein, aber belohnt werden sie dafür, daß sie ihre Ellenbogen trainieren. Wäre man aufmerksamer auf die Gewalt *der* Schule als auf die Gewalt *in* der Schule, dann müßte man zu anderen Konsequenzen schreiten als zur Serienproduktion von Unterrichtseinheiten gegen die Gewalt für alle Altersstufen.

Die routinierten Beobachter von Mißständen sind ja überraschend schnell fündig geworden bei der Suche nach den Gewaltursachen: Da sind einerseits die Elternhäuser, die von ihrer fatalen Neigung zur Zerrüttung nicht ablassen wollen. Dann sind es die «Achtundsechziger», die mit ihrem antiautoritären Pathos und ihrem Laissez-faire-Schlendrian die jetzt aufgehende Gewalt gesät haben, arglos vielleicht, aber folgenschwer. Und natürlich auch die jetzt amtierenden Lehrer, die sich nicht entschließen können, Flagge zu zeigen und Mut zur Erziehung zu fassen, um den Werteverfall aufzuhalten.

Das erinnert freilich fatal an den Räuber, der aufgeregt in eine Richtung gestikuliert und «Haltet den Dieb» schreit, damit die Verfolgungsjagd an ihm vorbeistürmt und er sich unbemerkt aus dem Staube machen kann. Wenn zum Beispiel ein deutscher Außenminister zwei Jahre nach dem Pekinger Massaker auf dem «Platz des himmlischen Friedens» verlautbaren lassen kann, es sei nun an der Zeit, die deutsch-chinesischen Beziehungen wieder zu «normalisieren», das heißt, von Menschenrechten zu schweigen, um über Milliardendinger reden zu können, dann hat dieser Außenminister der Jugend seines Landes eine wirklich einprägsame Lektion über Gewalt erteilt. Und wenn eine Generation von Absahnern sich keinen Deut darum schert, was sie der nachkommenden alles hinterläßt an Vermüllung, Vergiftung, Verschleuderung und Ausplünderung der Lebenswelt – und an Schulden obendrein –, dann ist auch dies eine Lektion über Gewalt, die mehr Spuren hinterlassen wird als jene bemühten Curricula, die die Jugendlichen mit einem wirksamen Widerwillen gegen Gewaltausübung imprägnieren sollen.

Gelernt wird, daß Gewalt sich auszahlt und edle Gesinnung das Nachsehen hat. Und die Schule bestärkt diese Überzeugung aller anderslautenden Unterrichtung zum Trotz. Nur der Abscheu über die unappetitlichen, rohen, häßlichen Formen der Gewalt, wie sie etwa von jugendlichen Brandstiftern ausgeübt werden, gehört zum gesicherten Bestand der gesellschaftlichen Moral, nicht aber eine Ächtung der subtilen Gewalt, die das Ingrediens ist, das die moderne Welt im Innersten zusammenhält.

Es wäre unredlich zu unterschlagen, daß zum Ensemble der von den scharfsinnigen Spürnasen erschnupperten Gewalt*ursachen* auch eine Sorte Gewalt gehört, die den Jugendlichen von der Gesellschaft *angetan* wird: die miserablen Chancen auf dem Arbeitsmarkt. Das Auseinanderbrechen von Bildungs- und Beschäftigungssystem ist ein breit diskutiertes Krisenphänomen. Die alte Ehe zwischen Schule und Arbeitsmarkt, zwischen bescheinigter Bildung und gesellschaftlicher Position, durch die die Ranganspruche der Individuen so trefflich geregelt und gemäßigt wurden, ist zerbrochen. Der erfolgreiche Schulabschluß garantiert beileibe keine adäquate Stellung mehr. Die Erfolgreichen und die Versager können durchaus in der gleichen Misere der Arbeitslosigkeit enden. Damit wird die ganze Konstruktion zum Schwindel, die Schule macht leere Versprechungen, was ihre ohnehin angeschlagene Glaubwürdigkeit beträchtlich schädigt.

Nun ist es ja fast schon eine Binsenweisheit, daß Frustration, also die Erfahrung der Vergeblichkeit, und Aggression, also die Neigung zuzuschlagen, eine Art Zwangsgemeinschaft bilden. Das ist hochexplosiv und eine ernste Gefahr für den sozialen Frieden. Es fällt jedoch auf, daß die Besorgnis sich auf das Versagen der alten Routine richtet, die die Schule zum Büttel des Arbeitsmarkts und die Bildung zum Mittel der Auslese macht. Die Routine selbst steht hingegen nicht in Frage, weder als Gewaltverhältnis noch als Gewaltursache.

Lehrer als Beruf

Kapitel II

oder: *Von der Abschaffung des Lernens*

Die Kunst der Mitteilung

«‹Ich bringe euch das Lesen und Rechnen bei, Kinder, und zeige euch, wie man Buchstaben und Zahlen schreibt›, erklärte Düischen. ‹Ich lehre euch alles, was ich selber weiß.› Und so war es – er brachte uns alles bei, was er selber wußte, und hatte dabei eine erstaunliche Geduld. Über jeden Schüler beugte er sich und zeigte, wie man den Bleistift hält, und erklärte uns die Wörter, die wir nicht verstanden. Wenn ich heute daran zurückdenke, kann ich mich nicht genug wundern, daß dieser kaum lese- und schreibkundige Bursche, der selber nur mühsam die Worte zusammenbuchstabierte, der kein Lehrbuch und nicht einmal eine elementare Fibel zur Hand hatte, daß er es wagte, ein so großes Werk in die Hand zu nehmen. (...) Düischen hatte natürlich nicht die geringste Vorstellung von Lehrplänen, von Unterrichtsmethodik. Richtiger gesagt, er ahnte nicht einmal, daß es so etwas gab.

Düischen unterrichtete uns so, wie er es verstand und intuitiv für richtig hielt. Ich bin zutiefst überzeugt, daß die treuherzige Begeisterung, mit der er an seine Arbeit heranging, ihre Früchte trug. (...)

Jedes Wort meines Lehrers, jeder Buchstabe, den er mir beibrachte, war mir heilig. Und es gab für mich auf der Welt nichts Wichtigeres, als zu begreifen, was Düischen lehrte. Ich schonte das Heft, das er mir gegeben hatte, und zog lieber mit der Sichel die Buchstaben in den Sand, schrieb sie mit Kohle auf Steine, mit einem Zweig in den Schnee oder in den Straßenstaub. Und für mich war niemand auf Erden klüger und gebildeter als Düischen.»[1]

1 Aitmatow, Tschingis: Der erste Lehrer, München 1980, S. 34 ff.

Muß nicht diese glühende Lernbegeisterung, die noch in der Rückschau des Erwachsenen auf seine elementare Unterrichtung aufleuchtet, jedes heutigen Lehrers Herz höher schlagen lassen? Muß ihm nicht dieser Lobpreis der Schule wie Musik in den Ohren klingen, wie die Kunde von einem anderen Stern? Muß er nicht, wenn er sich den schläfrigen Blick vergegenwärtigt, mit dem seine Schüler souverän gelangweilt seine Bemühungen quittieren, neiderfüllt auf diesen unbedarften Kollegen aus russischen Revolutionstagen blikken, dem offenbar das leidige Motivationsproblem so ganz und gar kein Kopfzerbrechen machte? Welcher Lehrer könnte heute einer solchen Wundergeschichte auch nur den Schatten der Glaubwürdigkeit verleihen? Wer, der heute lehrend sein Brot verdient, hätte die Courage, von seinen Schülern zu sagen, sie seien derart enthusiastisch darauf aus, Nahrung für ihren Wissens- und Welterkundungshunger einzusammeln, und – mehr noch – ausgerechnet er, der Lehrer, sei es, auf den sich die Erwartungen richteten? Von seinen Lippen wollten die Schüler Aufklärung über die Welträtsel ablesen; er erschiene ihnen als die Quelle der glückverheißenden Gaben, die ihre Wißbegierde stillen und ihrem Wissensdrang Erleichterung verschaffen könnte. Wer dies von sich behaupten wollte, würde sich ohne Zweifel dem Gespött derer aussetzen, die es besser wissen, und das sind, so wie die Dinge sich heute herumgesprochen haben, alle anderen.

Kurzum, das von Aitmatow in der Erinnerung heraufbeschworene beglückende Lernerleben ist mit der Schulrealität heutiger Schüler und heutiger Lehrer gewiß nicht zur Deckung zu bringen. Es scheint ein Kuriosum ersten Ranges. Bewundernder Respekt, ein wenig Heimweh nach besseren Tagen, als das Lehren offenbar noch geholfen hat, ungläubiges Staunen, vielleicht auch Neid auf solche Leichtigkeit des Seins und womöglich leiser Selbstzweifel, das scheint zwingend die Gemütslage zu sein, die ein solcher Vergleich von Glanz und Elend des Lehrerdaseins hervortreibt.

Ich bewege mich zugegebenermaßen im Bereich der Spekulation, wenn ich bezweifle, daß das wirklich die Reaktionen heutiger Lehrer auf diesen sonderbaren Kollegen wären. Zu viele Anstrengungen, die unternommen wurden, um den Lehrerberuf gesellschaftlich aufzuwerten, werden in dieser Geschichte negiert. Traditionell haftet den Lehrern das katastrophale Image von ebenso bemühten wie aussichtslosen Emporkömmlingen in der Bildungshierarchie an. Wieviel standespolitischer Ehrgeiz wurde darauf verwendet, den Lehrer vom Odium des Halbakademikers zu befreien. «Professionalität» war das Zauberwort, mit dessen Hilfe dem doppelten gesellschaftlichen Vorurteil, das den Lehrer in eine höchst dubiose gesellschaftliche Stellung bannte, entgegengewirkt werden sollte. Schullehrer waren nach allgemeiner Übereinkunft entweder Personen mit rudimentären – freilich für ihre bescheidene Aufgabe ausreichenden – Fachkenntnissen, aber mit Herz für Kinder, so insbesondere der mütterliche Grundschullehrerinnentypus: beschränkt und warmherzig; oder eben «Pauker», Despoten kleinformatigen Zuschnitts, die die ihnen zugebilligte Macht gern überschätzen und gewaltförmig gegenüber Schwächeren behaupten.

An Professionalität aber läßt es Düischen an allen Ecken und Enden fehlen. Darum vermag er seine heutigen Zunftgenossen nicht nur nicht zu beeindrucken; er wird vielmehr ihren Argwohn, wenn nicht ihre Mißbilligung oder gar ihre Verachtung herausfordern.

Welche Einwände würde ein moderner Lehrer mit modernem, professionellem Selbstverständnis, der es ernst meint und auf Seriosität hält, gegen ein derlei unbefangenes Ad-hoc-Lernvorhaben geltend machen müssen? Und zwar nicht nur aus Selbstverteidigungsgründen – so engstirnig wollen wir ihn uns nicht vorstellen –, sondern wegen der ihm obliegenden besonderen Verantwortung für die kommende Generation und ihr Hineinwachsen in eine moderne, will sagen: demokratische, wissenschaftlich-technische, industrielle Welt, die obendrein gefährdet und gefährlich zugleich ist?

Zunächst würde er in skeptischer Attitüde, die ihm die Professionalität zuvörderst abverlangt, füglich die Glaubwürdigkeit der Geschichte bezweifeln; sie als ein Produkt schönfärbender, rückwärtsgewandter Phantasie entlarven, wie ja überhaupt die Erinnerung in dem Ruch steht, alles zu vergolden. Mag sein, daß er recht hat. Wenn er aber dann mit kritischer Skepsis ins Detail ginge, dann müßten ihm bei der Vorstellung von einem Kollegen, über den nichts Besseres zu sagen wäre, als daß er unterrichte, wie er es verstehe und intuitiv für richtig halte, die Haare zu Berge stehen. Das wäre geradezu ein Grund zur Suspension, wenn nicht der allgemeine Schlendrian, der mit dem Beamtentum eingekehrt ist, die Hoffnung auf so strikte Handhabung von vornherein zunichte machte.

Déformation professionnelle

Daß treuherzige Begeisterung den Mangel an methodischen, lernpsychologischen, didaktischen und fachlichen Kenntnissen wettmachen könne, würde kaum ein Pädagoge heute ernsthaft zu vertreten wagen. Im Gegenteil: die Tatsache, daß diese Begeisterung auf die Schüler übersprang, sollte eher Anlaß zur Beunruhigung sein. Unser skeptischer Kollege könnte zu dem Schluß kommen, daß sein täglicher Kampf mit der bleiernen Unlust und der demonstrativen Gelangweiltheit seiner Schüler ehrlicher und im ganzen auch weniger verderblich sei als jener wohlfeile Enthusiasmus, zu dem Düischen seine Schüler hinzureißen vermochte. Erscheint doch dieser knapp dem Analphabetentum entronnene «Lehrer» ganz und gar unfähig, sich ein Urteil darüber zu bilden, wovon er sich selbst begeistern läßt. Was sollte bei so unkontrollierter, wildwüchsiger Einflußnahme, die ganz in das Belieben eines zudem ungebildeten Lehrers gestellt ist, noch verhindern, daß der Verführte seinerseits zum Verführer wird? Erzeugt die blinde, quasireligiöse Gefolgstreue, die die Schüler an diesen Lehrer kettet und die jede Distanz aufhebt und jede Selbstbesinnung unterbindet, nicht genau jenen Herdengeist, aus dem Despoten Profit schlagen?

Nein, weder die naive Begeisterung des Lehrers noch die hitzig bebende Begeistertheit und der unbeirrte Eifer der Schüler nötigen unserem scharfsichtigen Kritiker Respekt ab. Nicht einmal als Übergangslösung, als Wegbereitung durchdachterer und anspruchsvollerer Bildungskonzepte, nicht einmal als ein aus dem Mangel geborenes Provisorium mag er diese Veranstaltung gelten lassen. Zuviel Dumpfheit und Ungeist wird darin heraufbeschworen.

Und dann die «Geduld», mit der Düischen ans Werk ging. Der an sich immer noch gute Klang des Wortes kommt nicht auf gegen die peinliche Erinnerung, die diese Szene weckt: die Erinnerung an den glücklich überwundenen mütterlichen Habitus und an die konzeptionslose Betulichkeit, die einst den Berufsstand in der Fachwelt desavouierten und mit der Aura des Mediokren umgaben. Die mit der schrittweisen Professionalisierung erreichte sachliche Ernüchterung und fachliche Orientierung, die nicht nur endlich das gesellschaftliche Ansehen der Lehrerschaft gehoben, sondern vor allem die Effektivität des Lernbetriebs erhöht hatte, werde er nicht, so könnte unser skeptischer Kollege argumentieren, aus Nervenschwäche und wegen einer rührseligen Geschichte über Langmut, Treuherzigkeit, Intuition und Begeisterung eines selbstberufenen Lehrers in einer pädagogischen Wüste aufs Spiel setzen. Die Schule kranke wahrhaftig nicht an einer Übertreibung der Modernisierung, sondern daran, daß sie nach wie vor weit hinter den in anderen gesellschaftlichen Sektoren selbstverständlichen Modernitätsstandards zurückbleibe. Geduld, schön und gut – er habe ja nichts gegen eine pädagogische Tugendlehre –, aber wenn sie sich nicht mit dem zähen Willen zur Erfolgsoptimierung verbinde und mit dem Ansporn zur Leistungssteigerung, sei sie kontraproduktiv. Geduld pur unterscheide sich von schlapper Nachgiebigkeit nur geringfügig.

Überhaupt sei ihm die auftrumpfende Präsentation dieser Lernidylle suspekt. Offenbar wollten sich diejenigen, denen der Schulalltag zu rauh geworden sei, erneut zu Zwergschulbefürwortern ertüchtigen, um es gemütlich zu haben. So einfach könne sich aber die Schule ihren Aufgaben nicht entziehen, und für eine Flucht in pädagogische Gartenlauben sei die Zeit zu ernst. Es sei unverantwortlich, den Anschein zu erwecken, als sei das Bemühen um eine solide, qualifizierte und akademische Lehrerausbildung nicht nur überflüssig, sondern sogar schädlich; als sei der Dornenweg von der Präparandenanstalt über die Pädagogischen Hochschulen bis zur Universität ein Irrweg gewesen, den man rückgängig machen müsse; und statt dessen davon zu schwärmen, welch ideale Lernbedingungen aus einer trüben Mixtur von naiver Begeisterung,

Sendungsbewußtsein, Intuition und einem kläglichen bißchen Selbstbildung erwüchsen. So als sei dies zur Ausübung des Lehrerberufs doch die wesentlichere Voraussetzung; als leuchte daraus die überlegene Alternative zur «kalten Verwissenschaftlichung und rationalen Durchplanung» der Lernprozeduren hervor.

Selbstverständlich müsse auch dem um Professionalität bemühten Lehrer die Herstellung eines günstigen, förderlichen und zuträglichen Lernklimas ein erstes Anliegen sein. Nur habe diese produktive Anstrengung mit überbordender Emotionalität, zielvergessener Nachgiebigkeit und heiligen Schauern nichts gemein. Vielmehr sei ein fundiertes, diszipliniertes, sozialtherapeutisches «Know-how» gefragt, mit dem der Lehrer seinen Schülern im Bedarfsfall zur Verfügung stehen könne.

So würde sich also vielleicht der nüchterne und engagierte Kollege vernehmen lassen und sich von dem Wunderbericht, der da erstattet wurde, in keiner Weise beeindruckt und zu keinem besonderen Respekt veranlaßt zeigen.

Seine Skepsis ist gewiß gut begründet und seine Besorgnis ohne Frage respektabel. Soll ich ihm nun mit einem herzhaften «Gut gebrüllt, Löwe!» beipflichten? Soll ich ablassen von meinem immer noch fortbestehenden Sympathisantentum mit diesem hilflosen und stümperhaften Lehrer? Muß ich mich nicht dem «eigentümlich zwanglosen Zwang des besseren Arguments» (J. Habermas) widerspruchslos beugen und die gegenaufklärerischer Umtriebe überführte «Stimme des Herzens» zum Schweigen bringen?

Ich entscheide mich dafür, so umstandslos der spontanen ersten Regung nicht zu mißtrauen. Ich werde mit meinem fiktiven Kollegen nicht argumentieren, vorerst nicht. Ich werde ihm nicht das Recht seiner Einwände bestreiten durch ausgeklügelte Gegenbehauptungen, weil erfahrungsgemäß mit schlichter Bestreitung nicht viel Einsicht zu gewinnen ist. Denn das Gegenargument, wie gewitzt es auch sei, ist ja durch das Argument immer schon gegängelt, haargenau auf dessen Spur, unfähig darum zur Erweiterung des Horizonts, zur Öffnung neuer Perspektive und anderer Hinsicht.

«*Wes das Herz voll ist...*»

Ich gehe also dieser Erzählung noch einmal nach und suche herauszufinden, was mich zu meiner unbedachten Sympathiebekundung bewogen hat. Wie konnte dieser Lehrer bei so geringem Vermögen eine so große und so ungeteilte Aufmerksamkeit auf sich ziehen?

Vielleicht ist das Staunenswerteste von allem, daß er gerade darauf gar nicht aus war. Man gewinnt nicht den Eindruck, daß ihm am Applaus – und sei es auch ein posthum gespendeter – so sehr gelegen war. Er scheint nicht eitel genug, um sich ein Denkmal setzen zu wollen in einem ansehnlichen Werk; und nicht selbstbewußt genug zu glauben, er nähme etwas Vorbildliches in Angriff, das Nachahmer finden sollte. Zur Selbstüberschätzung neigte er offenbar nicht. Aber so gering achtete er sein Vermögen dann doch nicht, daß er sich zur Tatenlosigkeit verurteilt gesehen hätte.

Als Leser der Aitmatowschen Episode ist man nicht einmal berechtigt anzunehmen, Düischen habe sich einer höheren Sache verpflichtet gefühlt, in deren Dienst er sich als engagierter «Multiplikator» oder einfacher «Überzeugungsarbeiter» (wie es heute entlarvend heißt) gestellt hätte. So wie Aitmatow uns diesen Lehrer beschreibt, war er ganz einfach *mitteilsam.* «Wes das Herz voll ist, des fließt der Mund über», das ist die Befindlichkeit des Mitteilsamen. Es drängt ihn, den Wissensschatz, den er in sich zu tragen glaubt, *mit* andern *zu teilen.*

Um der Besonderheit von Düischens Art, seine Schüler zu unterrichten, auf die Spur zu kommen, müssen wir ein paar vorläufige Überlegungen zum Wesen der *Mitteilung* im Unterschied zu dem der *Vermittlung* anstellen.

So unkompliziert und spontan, wie die Volksweisheit vom vollen Herzen und vom überfließenden Mund zu glauben nahelegt, ist die Mitteilung nicht. Sie ist keineswegs beliebig, nicht einfach Ausdruck eines ungehemmten Überquellens der übervollen Seele. Eine Mitteilung – wenn wir denn unserer Betrachtung nicht den abgewetzten Alltagsgebrauch zugrunde legen, sondern uns am Wortlaut des Begriffs orientieren – will wohl erwogen sein. Der Mitteilende teilt nicht nur etwas, sondern immer auch sich selber mit. Die Mitteilung ist nicht einfach die Bekanntgabe eines puren Sachverhalts, sondern eines Sachverhalts in der Gestalt, in der ihn der Mitteilende sich *zu eigen* gemacht hat. Sie ist ein mit der Person des Sprechers legierter Erörterungsgegenstand, Ergebnis ihrer Wahrnehmung, ihres Nachdenkens, Empfindens, Deutens, der Konfrontation mit ihrer spezifischen Vorerfahrung. Die Mitteilung bietet dem Hörer einen Ausschnitt unverhohlen subjektiver Weltsicht. So ist sie, wie nüchtern und sachlich sie sich auch gerieren mag, immer eine Selbstoffenbarung. Zu heikel also, als daß der Mitteilende unbesonnen herausposaunen könnte, was er weiß, fühlt und denkt. Er verhält sich sorgsam auswählend und schneidet, was er zu sagen hat, auf je bestimmte konkrete Personen in je besonderer Manier zu. Wem welche Mitteilung zukommt, ist nicht zuletzt abhängig von der Vertrauenswürdigkeit des Empfängers. Jede Mitteilung ist ein Vorgang zwischen unverwechselbaren Personen. Die «amtliche Mitteilung», die flächendeckend wie ein Bombardement auf eine zwangsverpflichtete Zuhörerschaft niedergeht, ist in Wahrheit keine «Mitteilung», sondern eine Bekanntgabe, eine Verlautbarung, sogar eine Anordnung, die sich, obwohl sie sich im Regelfall mit Sanktionsgewalt ausgestattet hat, den Anschein von Vertraulichkeit und persönlicher Zueignung gibt.

Sorgfalt und Besonnenheit muß sich der Mitteilsame jedoch nicht nur aus Selbstschutzgründen auferlegen, nicht nur wegen der mit jeder Mitteilung verbundenen Entblößung des eigenen Innern. Vielmehr ist eine sorgfältige Selbstprüfung auch geboten, weil er seine Mitteilung einem andern zumutet. Rechtfertigt die Qualität des zu Sagenden, daß ich den andern damit befasse? Ist die Mitteilung kostbar, gewichtig, bedacht genug, daß ich jemandes Zeit und Aufmerksamkeit dafür beanspruche? Ist das Wissen, das ich weiterreiche eine gute Gabe – was nicht gleichbedeutend damit ist, daß sie dem Hörer angenehm und erfreulich ist? Oder speise ich den andern mit billigem Plunder ab – tauglich allenfalls, das Geschwätz der Welt zu vermehren –, in der geheimen Absicht, mein eigenes Inneres zu entrümpeln und mich der Notwendigkeit weiteren Nachdenkens zu entledigen? Oder schließlich: Übergebe ich ihm ein Danaergeschenk, «ein Wissen, dessen Freund man nicht mehr sein kann» (P. Sloterdijk) und das ich mir vom Halse wünsche, um nicht länger davon beunruhigt zu werden? Die so sehr in Mode gekommene Betroffenheitspädagogik beispielsweise ist außerordentlich generös im Austeilen solcher Danaergeschenke und schmeichelt sich noch, sich durch die routinierte «Herstellung von Betroffenheit» um die Weltrettung verdient zu machen.

Kurzum: Die Sorgfaltspflicht ergibt sich aus der Verantwortung, die der Mitteilende für seine Mitteilung hat. Er muß sich die Frage stellen, ob, was er sagen will, des Weitersagens wert ist. Wenn es heute viel üblicher geworden ist, den Empfänger urteilen zu lassen, ob eine Mitteilung mitteilenswert ist, und der, seinen Vor- und Nachteil abschätzend, zu dem Ergebnis kommt, sie sei es oder sei es eben nicht, so ist dies bereits eine von der Tauschgewohnheit und vom Tauschwertkalkül entstellte Umgangsform. Die Mitteilung wird dann zur Gefälligkeit gegenüber einem zuvor unterstellten Publikumsgeschmack; um ihrer selbst willen, um des Reichtums willen, den sie für den Sprecher repräsentiert, belanglos. Ja, sie hört auf, Mitteilung zu sein, wenn sie ihre Fähigkeit eingebüßt hat, den Mitteilenden zu strikter Sorgfalt und den Rezipienten zu vertrauensvollem Hören zu bestimmen.

Schuld an diesem Verfall haben beide: der Mitteilsame, weil er sich jedes Geplapper und jede Belanglosigkeit durchgehen läßt und damit das Vertrauen des Hörers in die Ernsthaftigkeit seiner Rede schäbig mißbraucht; und der Hörer, weil er sein Hören unter das Gesetz der Vorteilsnahme und des schnellen und bequemen Gewinns beugt und ansonsten nicht belangt sein will.

Wie aber kann der Mitteilsame ermessen, ob sein Wissen von andern geteilt zu werden verdient? Ist es eine spezifische Eigenheit der Mitteilung, die ihre Verbreitung rechtfertigt; ihre unumstößliche Richtigkeit und Wichtigkeit, ihr objektiver Wahrheitsgehalt, ihre anerkannte kulturelle Bedeutung? Oder ihr Neuigkeitswert, ihre Außerordentlichkeit, ihre Originalität? Oder ist es die begründete Vermutung, daß die Mitteilung dem für sie auserkorenen Empfänger nützlich und hilfreich, seinem Vorwärtskommen förderlich, seiner Besserung dienlich sei? Setzt also eine Vorstellung von dessen wünschbarem Werdegang den Maßstab?

Kaum. Die Mitteilung steht weder unter Tradierungspflicht, noch meldet sie sich in pädagogischem Auftrag zu Wort. Sie beruft sich weder auf einen Kanon von Kulturgütern, der bewahrt werden will, noch ist sie aufgeladen mit der Absicht, anderen zu ihrem besseren Selbst zu verhelfen.

Das einzige, wodurch die Mitteilung sich zu rechtfertigen vermag, ist womöglich die Leidenschaft, der sie ihr Zustandekommen verdankt. Die Kraft meiner Einsichten «ist gleich der Energie und dem Leiden, womit sie errungen werden»[2]. Die selbstauferlegte Anstrengung des Denkens, die ernsthafte Hingabe an den Gegenstand, der immer riskante Aufbruch aus dem bekannt Vertrauten, worin man sich hinreichend behaglich fühlen konnte, all das macht die daraus erwachsene Einsicht mitteilenswert und verantwortbar, und es unterscheidet sie selbst bei «objektiv» dürftigem Ergebnis vom leeren Stroh und von der Stammtischparole.

Die Technik der Vermittlung

Ganz anderen Schwierigkeiten sieht sich der *Vermittler* gegenüber. Er handelt nicht im eigenen, sondern in doppeltem fremdem Auftrag. Er ist das Verbindungsglied zwischen zwei Positionen, die ohne seine vermittelnde Tätigkeit – das jedenfalls ist die Annahme, von der er ausgehen muß – nicht zusammenkommen können, die aber dennoch existentiell aufeinander angewiesen sind. Als Bildungsbeauftragter ist der Vermittler einerseits Sachwalter von Bildungs- oder Kulturgütern, die in die nachwachsende Generation eingepflanzt werden müssen, andernfalls sie dem kollektiven Vergessen anheimfielen. Ohne künftige Träger, die sie bereitwillig in sich aufnehmen und ihrerseits fortpflanzen, sind sie in ihrer Existenz bedroht oder sogar schon zum Untergang verurteilt. An eben dieser Aufnahmebereitschaft, aber auch an der Fähigkeit der unmittelbaren Annäherung mangelt es den Jüngeren chronisch. Und weil der Kontakt zwischen dem kulturellen Erbe und der nach-

2 Adorno, Theodor W.: Minima moralia, Frankfurt/Main 1969, S. 78.

folgenden Generation nicht dem Zufall überlassen werden darf, scheint eine planvolle, methodisch durchdachte, konzeptionelle Vermittlungstätigkeit unverzichtbar.

Die andere Seite des Bildungsauftrags, den der Vermittler erfüllen zu müssen meint, ist nicht weniger dringend. Er versteht sich als Anwalt der Jüngeren, die um ihr kulturelles Erbe nicht betrogen werden dürfen. Denn an der Teilnahme am Erbe hängt die Möglichkeit ihrer Selbstentfaltung, ihrer Vervollständigung, ihrer Entwicklung zur Fülle der menschlichen Möglichkeiten.

Der *Mitteilende* ist vom Erfolgsdruck befreit, weil er in seiner Zuhörerschaft nichts Bestimmtes bewirken will. Die *Vermittlung* hingegen muß zum Ziel kommen. Die Bildungsgüter, die der Vermittler treuhänderisch verwaltet, sollen an den Ort ihrer Bestimmung gelangen. Der Vermittler ist in pädagogischen Absichten unterwegs. Er will seine Schüler beeinflussen, ihnen das lebenswichtige Elixier, das er für sie bereithält, einflößen wie eine heilsame Medizin. Erfolgreich kann er sich wähnen, wenn er die guten Gaben, über die er verfügt, in ihnen deponiert hat.

Während der Mitteilende das Wort ergreift wegen der sprengenden Überfülle in sich selbst, verschafft sich der Vermittler Gehör aus Besorgnis über die Leere, die er im andern wahrnimmt. Allerdings begegnet er einer deprimierenden Inadäquanz von Lerngegenständen und Lernern. Die Lernenden sind teils außerstande, teils unwillig, die ihrer «objektiven Bedürftigkeit» entsprechenden Bedürfnisse auszubilden: Sie wollen nicht zur rechten Zeit am rechten Ort das Rechte lernen, sind unmutig, unwillig, widerstrebend. Den Bildungsgütern hingegen mangelt es an genuiner Autorität und Attraktivität, so daß sie ein unmittelbares Verlangen in den Rezipienten nicht stimulieren können.

Die Kluft, die sich zwischen Lernnotwendigkeit und Lernbereitschaft auftut, will der Vermittler überbrücken. Das ist ein mühseliges, nicht einmal immer aussichtsreiches Unterfangen. Deshalb bemüht er ein ganzes Sortiment von Verfahren: Von der Überzeugung über die Überredung, die Überlistung bis hin zur sanften Gewalt, ja zum offenen Zwang hat er alles auf der Palette. Die Turnübungen, die er aufführt, um eine träge und lustlose Generation in Bewegung zu setzen, heißen *Motivation*, und die halb und halb redlichen Bemühungen, die aus freischwebenden Lerngegenständen Hirninhalte machen sollen, erfahren ihre wissenschaftliche Adelung in der *Didaktik*. Dabei muß der Vermittler von Fall zu Fall entscheiden, ob er seine Behandlungs- und Bearbeitungskompetenz mehr dem Stoff zuwendet oder mehr den Lernenden, ob er die Lerner für den Stoff zurichtet oder umgekehrt den Stoff für die Lerner.

Die Überlistung ist das eigentliche Metier des Vermittlers. Sie ist eleganter als die Verführung und auch als der Zwang. Um die konstitutionelle Abneigung der Schüler gegen die Lernzumutung zu unterlaufen, ist es allemal gescheiter, in ihnen den Glauben zu nähren, sie machten, indem sie die Lerngelegenheit nutzen, von ihrem Recht auf Bildung Gebrauch; anstatt sie im Namen staatlicher Gewalt und unter Androhung staatlicher Sanktionen zur physischen Anwesenheit zu verdonnern.

Es gehört aber auch zur Kunst der Überlistung, daß der Vermittler dem Lernstoff seine Schroffheit und Sperrigkeit nimmt, daß er ihn appetitanregend garniert und leicht verdaulich serviert; die Nahrungszufuhr so wohl dosiert, daß sie den armen Schluckern keine Schluckbeschwerden macht; sie abschmeckt, würzt mit Pikanterie, versüßt mit Sensation; sie zu mundgerechten Häppchen zerkleinert, am besten vorkaut. Auch in der sprachlichen Angleichung an den modischen Jargon der Jungen, in der Reinigung der Sprache von allen fremdartigen und anstößigen Klängen übt sich der Überlister bei Bedarf.

Das war nicht immer so. Und wer mit den Schulerfahrungen des vorigen Jahrhunderts oder der wilhelminischen Ära auf die Verlokkungspädagogik unserer Tage sieht, der kann Neidgefühle gegenüber den so umworbenen Jungen kaum unterdrücken. Das pädagogische Handgemenge ist heutzutage wirklich viel weniger rüde, und der ruppige Kommandoton fast vollständig daraus gewichen.

Dennoch werden die kulinarischen Darbietungen unseres Vermittlers, das Kleinkochen der harten Kost zu eher breiiger Konsistenz, von den Beköstigten nicht rundum goutiert. In der wohlwollenden Geste wird die Dressur überdeutlich gewittert. Werden die Zutrittsbedingungen zum Lerngegenstand so drastisch ermäßigt, dann signalisiert das immer auch einen Mangel an Ernsthaftigkeit. Die Erleichterung des Zugangs geht mit der Simplifizierung des Gegenstandes Hand in Hand bis hin zu dem Punkt, wo er nur mehr läppisch ist, zur Bagatelle verzerrt und verfälscht, nicht wert, daß man viel Mühe daran verschwendet. Die Schüler, die sich um den Ernst der Sache gebracht sehen, deren Ernst sie sich verweigerten, halten sich schadlos, indem sie ihrerseits der Sache, dem Übermittler und der Darbietung mit lässiger Verachtung begegnen und im übrigen das Nuckelverhalten, welches ihnen vorübergehend erlaubt wurde, zur schulischen Gesamtattitüde stilisieren, den Unernst, den man ihnen andiente, akzeptierend als Möglichkeit, die Schule halbwegs unangestrengt und komfortabel zu überstehen.

Antworten ohne Fragen

«Das Problem der immanenten Unwahrheit der Pädagogik», schreibt Adorno, «ist wohl, daß die Sache, die man betreibt, auf die Rezipierenden zugeschnitten wird, keine rein sachliche Arbeit um der Sache willen ist. Diese wird vielmehr pädagogisiert. Dadurch allein schon dürften die Kinder unbewußt sich betrogen fühlen. Nicht bloß geben die Lehrer rezeptiv etwas bereits Etabliertes wieder, sondern ihre Mittlerfunktion als solche, wie alle Zirkulationstätigkeiten vorweg gesellschaftlich ein wenig suspekt, zieht etwas von allgemeiner Abneigung auf sich. Max Scheler sagte einmal, er habe pädagogisch nur deshalb gewirkt, weil er niemals seine Studenten pädagogisch behandelt habe. Wenn mir die persönliche Bemerkung gestattet ist, so kann ich das aus meiner Erfahrung sehr bestätigen. Erfolg als akademischer Lehrer verdankt man offenbar der Abwesenheit einer jeden Berechnung auf Einflußnahme, dem Verzicht aufs Überreden.»[3]

Schließlich muß der Vermittler auch noch mit dem Handicap fertig werden, daß er vom Dialog abgeschnitten ist. Denkt man

3 Adorno, Theodor W.: Tabus über dem Lehrerberuf, in: Gesammelte Schriften Bd. 10.2, Frankfurt 1977, S. 661 f.

Adornos lapidare Feststellung, der Lehrer gebe lediglich etwas bereits Etabliertes wieder, zu Ende, dann kann das vom Mittler in Gang gesetzte Gespräch sich allenfalls um das Verstehen und Verständlichmachen von Sachverhalten drehen, nicht aber die Sache selbst in Zweifel ziehen oder denkend, phantasierend und imaginierend neue Gegenstände in die Welt setzen. Der Vermittler erspart sich die Unsicherheit und das Risiko jeden wirklichen Dialogs. Immer steht vorher fest, daß ihm die Sache, die er vertritt, recht gibt. Auch diese strukturelle Saturiertheit seiner Position, aus der heraus er den Schülern zumutet, was er sich selbst nicht abverlangt, nämlich Verunsicherung, Befremdung, Erschütterung von Weltsichten, sogar den Umsturz des Weltstandpunkts, ist ruinös für seine Glaubwürdigkeit.

Der Vermittler ist ein Souffleur fertigen Textes, notorisch im Recht, inventorisch nicht ambitioniert, im Zweifel abstinent; ideenreich allerdings in der Produktion didaktischer Finessen und von scharfsichtigem Urteil im Soll-Ist-Vergleich der Lernerfolge.

Die Verkommenheit der schultypischen Fragerei beispielsweise ist ein Indiz für den Unernst des Sachbezuges, von dem Adorno spricht. Die in der Schule aufgeworfenen Fragen sind in der überwiegenden Mehrheit uneigentliche Fragen, denn der Frager ist auf die Antwort keineswegs scharf. Er hatte sie längst im Kopf, bevor er die Frage aussprach. Die Schüler wissen haargenau, daß sie nicht gefragt, sondern nur abgefragt werden. Ich wage die Vermutung, daß neunzig Prozent der Lehrerfragen dem Typus «Ich weiß es, ob du es wohl auch schon weißt?» angehören. Bei diesem Typ von Frage, kann es nur richtige oder falsche Antworten geben. In jedem Fall ist der lehrende Vermittler im Besitz der richtigen und wird mit allen Anzeichen des Wohlwollens und der Zufriedenheit, kopfnikkend, zustimmend und anerkennend reagieren, wenn die gegebene Antwort der von ihm gewußten gleicht; er wird fördern, unterstützen und helfen, wenn sie ihr nur erst ähnelt, und ablehnend, enttäuscht und zurückweisend reagieren, wenn sie eigene Wege geht.

Vielleicht entfallen neun Prozent der Fragen auf den Fragetyp: «Ich habe eine Meinung dazu, hast du auch eine?» Einschränkend ist aber zu sagen, daß wiederum die andere Meinung nichts gilt, nur in dem Sinne ernst genommen wird, daß sie Anlaß zur Korrektur aufs Richtige hin ist. Ein verschwindend geringer Anteil dieser bereits unterrepräsentierten Sorte Fragen ist also dazu ausersehen, einen wirklichen Dialog zweier ebenbürtiger Weltsichten anzuregen.

Und schließlich bleibt da ein Rest von wahrscheinlich weniger als einem Prozent der gesamten Fragemenge, die in der Schule umgewälzt wird, der ernsthafte Fragen behandelt, Fragen, die die Unkenntnis des Fragenden offenbaren: «Ich weiß es nicht, weißt du etwas darüber?» oder: «Ich weiß es nicht, interessiert es dich, daß wir der Sache nachgehen?»

Die Fragerei, der die Schüler als Befragte ausgesetzt werden, ist durchweg unwürdig. Es geht dabei nicht um die Sache, sondern um Erfolg oder Scheitern, nicht um Erkenntnis, sondern um Prüfung. Das den Schülern abverlangte Gebaren macht sie lächerlich, unabhängig davon, ob sie die Prüfung bestehen oder nicht. Der Vermittler ist demnach zur Frage unfähig und auf Überraschung nicht aus, er kann nur dozieren. Wenn er trotzdem als Frager sich maskiert, dann nur, um seine Zuhörer zur Aufmerksamkeit zu überlisten, indem er ihnen zum Schein gestattet, sich als Erkennende zu fühlen.

Nun würde der solchermaßen denunzierte Vermittler sich wahrscheinlich auf einen großen Vorgänger berufen, den Meister der «Maieutik», den ewig fragenden Sokrates, dessen Gesprächsführung Platon «Hebammenkunst» nennt, weil der weise Philosoph «seine Mitunterredner nicht belehrt, sondern sie durch Fragen anregt, aus sich selbst zu finden, was schon in ihnen ist und in Zweifeln ans Licht drängt, und der Funde prüft, Scheinhaftes aussondert»[4].

Der Vermittler könnte sich komfortabel darauf berufen, sein Vorgehen ähnele dem des Sokrates. Wenn ich ihm auch einerseits diesen Vergleich untersagen möchte und die archäologische Bemühung des Sokrates um die verstellte Klarsicht, seine Kunst der Überführung, seine Art, eigennützige und wahrheitswidrige Motive bei seinem Gegenüber zu entlarven, nicht gleichgesetzt sehen möchte

4 Ritter, Joachim, und Karlfried Gründer (Hg.): Historisches Wörterbuch der Philosophie. Bd. 5, Art. «Maieutik», Basel/Stuttgart 1980, Sp. 636.

mit der hinterhältigen Abfragerei, die dem Schulalltag das Gepräge gibt, so kann ich andererseits doch die Defensive nicht ganz abwegig finden. In das hohe Lob, das dem sokratischen *Dialog* gespendet wurde, konnte ich nie aus vollem Herzen einstimmen. Sind doch die sokratischen Fragen, wie sehr sie der Wahrheitssuche verpflichtet sein mögen, durchweg von der Art, daß dem Mitunterredner nichts anderes als die Bestätigung übrigbleibt: «Wahrlich, so ist es»; «recht so»; «ganz, wie du sagst»; «wie anders?» Sokrates wird nicht zur Revision seiner Weltansicht genötigt; das geschieht nur den andern. Ebendies verleitet den Vermittler dazu, sich mit Sokrates zu verwechseln und seine vom Sachinteresse kaum angekränkelte Frage für Hebammenkunst zu halten. Der Vermittler entscheidet darüber, wann seine Adressaten vernünftig sind, «ganz so wie Sokrates, der auch entschied, wann Menon vernünftig ist und wann nicht»[5]. Das Kriterium für die Entscheidung ist beim einen die Übereinstimmung mit den fertigen Sätzen, die er für die Schüler im Vorrat hat, und beim andern die Übereinstimmung mit dem erreichten Stand der Wahrheitssuche, die aber immer unterwegs bleiben und nie ans Ende kommen wird. Sokrates ist den Befragten voraus, aber er ist dennoch selbst der Frager par excellence.

Brechen wir an dieser Stelle die zugegeben ein wenig idealtypische Betrachtung über Mitteilung und Vermittlung einstweilen ab und wenden uns wieder Aitmatows erstem Lehrer zu.

Schule ohne Lebenszeichen

Düischen also, das war unser Ausgangspunkt, stellt sich ohne Umschweife als jemand dar, der etwas mitzuteilen hat, und er tut das mit dem frappierenden Satz: «Ich lehre euch alles, was ich selber weiß.» Das ist in der Tat eine Selbstoffenbarung mit gleich mitgelie-

5 Lyotard, Jean-François: Das Patchwork der Minderheiten, Berlin 1977, S. 43.

fertem Offenbarungseid. Er bietet mit diesem Satz einen bemerkenswert kargen, schnell erschöpfbaren Vorrat feil. Und doch ist er vorbehaltlos generös, teilt mit vollen Händen und restlos aus. Kaum vorstellbar, daß ein bestallter Zunftgenosse unserer Tage sich ohne Not so vollständig und dazu freiwillig jeder reservatio mentalis begäbe. Denn das würde die Schüler ermutigen zu glauben, der Vorsprung des Lehrers wäre einholbar, und zwar in überschaubarer Frist. Es käme dann ihnen zu, darüber zu befinden, wann der Vorrat sich für sie erschöpft hätte und sie dem zu eng gewordenen Lernverhältnis entwachsen seien.

Eine solche Anmaßung auf der Seite der Schüler wäre eine Generalattacke gegen das Privileg einer Institution, die ihren Machtanspruch nicht zuletzt dadurch behauptet, daß niemand ihr vor der Frist, die sie setzt und die für alle gleichermaßen verbindlich ist, entlaufen kann, zumindest nicht ohne den Verlust der für die private Standesökonomie so unverzichtbaren Bildungstitel. Düischen gesteht mit diesem offenherzigen Satz seinen Schülern die Aufkündigung des Lernverhältnisses zu und scheint damit der Überzeugung anzuhängen, daß die Lernenden darüber entscheiden sollten, wann der Lehrende «ausgedient» hat. Offensichtlich tut diese ungewöhnliche Auffassung der Autorität des Lehrers keinen Abbruch. Sie scheint vielmehr die Bedingung dafür zu sein, daß der hingebungsvolle Lerneifer der Schüler und die gläubige Unterordnung unter ihren Lehrer nichts Sklavisches oder Obszönes hat.

Ich höre den Einwand, dieser Lehrer, dem Aitmatow sein dankbares Andenken bewahrt, werde von mir unzulässig idealisiert, wenn ich ihn zum Prototypen des mitteilsamen, des sich und etwas mit andern vorbehaltlos teilenden Kollegen zurechtbiege. Durchaus möglich, daß ich ihm edle Motive unterschiebe, wo es in Wahrheit handfest und profan zuging. Denkbar auch, daß die hier zitierten Passagen, die ja trotz des aus ihnen herausklingenden Enthusiasmus inhaltlich keine detaillierte Auskunft geben, eine so verzweigte Auslegung nicht erlauben. Mag sein, daß meine Exegese den wirklichen Lehrer und seine wirkliche Praxis verfehlt. Dennoch ist mir die überlieferte Beschreibung seiner Person und insbesondere deren Tonfall Anlaß genug, um über eine Reihe moderner Selbstverständlichkeiten, die Schule, das Lernen und Lehren betreffend, ins Staunen zu geraten, sie befremdlich und verwunderlich und also in höchstem Maße fragwürdig zu finden.

Zu den staunenswerten Eigenheiten dieses wirklichen oder nur imaginierten Sonderlings gehört es, daß er *einer* Versuchung ohne große Anstrengung oder Selbstüberwindung widerstanden hat, der Versuchung nämlich, die Bildung zum knappen Gut zu erklären, um das man rivalisieren muß. Sein freimütiges «Ich lehre euch alles, was ich selber weiß» und der Mangel an jeder darüber hinausgehenden Legitimierung lüftet das gut gehütete Geheimnis, daß Bildung nicht knapp ist. Um diese einfache Tatsache nicht ruchbar werden zu lassen, wurde, wie wir gesehen haben, von Bildungsexperten verschiedenster Provenienz viel Nebel geworfen. Ein enormer Aufwand mußte getrieben werden, um glauben zu machen, Lernen sei eine so diffizile und zugleich widernatürliche Angelegenheit, daß es nur in der Obhut vorzüglich präparierter Spezialisten riskiert werden könne. Diese Vorstellung vom Lernen ist dem Mitteilsamen unzugänglich.

Mit der Feststellung, daß es nur dem Vermittler, nicht aber dem Mitteilenden zukommt, sich für seine Unterrichtungstätigkeit bezahlen zu lassen, wird ein besonders heikler und sensibler Punkt berührt. Der Vermittler handelt in staatlichem oder institutionellem Auftrag und erfüllt eine vorgezeichnete, gesellschaftlich anerkannte – wenn auch nicht durchweg hochbewertete, so doch für notwendig erachtete – Aufgabe, die sich der Auftraggeber etwas kosten lassen muß. Wer hingegen sollte sich genötigt fühlen, den Mitteilenden, der nur seinem eigenen Mitteilungsdrang gehorcht, auf die Gehaltsliste zu setzen? Allenfalls könnten diejenigen, denen er seine Zeit zuwendet, für seinen Lebensunterhalt Sorge tragen wollen, wenn sie hinreichend begierig darauf sind, daß er fortfährt, sich ihnen mitzuteilen.

Die Debatte darüber, ob der Weise oder der Lehrer für seine Lehre bezahlt werden solle, ist uralt. Sokrates äußerte sich abfällig und voller Ironie über die Sophisten, die für die Verlautbarung ihrer

Weisheiten abkassierten: «Denn diese alle (...) verstehen es, in allen Städten umherziehend die Jünglinge – die dort unter ihren Mitbürgern zu wem sie wollten sich unentgeltlich halten könnten – diese also überreden sie, mit Hintansetzung jenes Umgangs sich Geld bezahlend zu ihnen zu halten und ihnen noch Dank dazu zu wissen.»[6] Er gibt vor, Euenos den Parier, der für teures Geld lehrt, darum zu beneiden, daß er die hohe Kunst, Menschen zu erziehen, so wohl verstünde, daß er dafür Lohn fordern könne, und er beteuert: «Ich also würde gewiß mich recht damit rühmen und großtun, wenn ich dies verstände: aber ich verstehe es eben nicht, ihr Athener.»[7] Er wird nicht müde zu betonen, daß er selber nie für Lohn Unterweisung gegeben habe: «Nun aber seht ihr ja selbst, daß meine Ankläger, so schamlos sie mich auch alles andern beschuldigen, dieses doch nicht erreichen konnten mit ihrer Schamlosigkeit, einen Zeugen aufzustellen, daß ich jemals einen Lohn mir ausgemacht oder gefordert hätte. Ich aber stelle, meine ich, einen hinreichenden Zeugen für die Wahrheit meiner Aussage, meine Armut.»[8] Und: «Eigentlich aber bin ich nie irgend jemandes Lehrer gewesen; wenn aber jemand, wie ich rede und mein Geschäft verrichte, Lust hat zu hören, jung oder alt, das habe ich nie jemandem mißgönnt. Auch nicht etwa nur, wenn ich Geld bekomme, unterrede ich mich, wenn aber keines, dann nicht; sondern auf gleiche Weise stehe ich dem Armen wie dem Reichen bereit zu fragen, und wer da will, kann antworten und hören, was ich sage. Und ob nun jemand von diesen besser wird oder nicht, davon bin ich nicht schuldig, die Verantwortung zu tragen, da ich Unterweisung hierin weder jemals jemandem versprochen noch auch erteilt habe.»[9]

Das ist noch einmal die ganze Philosophie des Mitteilenden, der die Unterredung sucht, der Fragen erörtert, dem keine Beliebigkeit

6 Platon: Apologie (Des Sokrates Verteidigung), in: ders.: Sämtliche Werke Bd. 1, Hamburg 1957, S. 11.

7 Ebenda, S. 11.

8 Ebenda, S. 21 f.

9 Ebenda, S. 23.

unterläuft, der aber niemanden zu erziehen oder umzumodeln sich berufen fühlt, verantwortlich nur für die Sorgfalt des eigenen Nachdenkens und nicht für die Besserung des andern, und der darum auch nicht entlohnt werden kann.

Ein großer Lehrer des Mittelalters, der heilige Bernard von Clairveaux, sah voll Sorge auf die «‹neuen› Intellektuellen, die» ab dem 12. Jahrhundert «außerhalb der Klosterschulen und Kathedralen in den Städten Schüler unterrichten, von denen sie eine Bezahlung erhalten, die *collecta*». Er «geißelt sie als ‹Wortverkäufer und Worthändler›».[10] Er stellt die Lehrer, die sich bezahlen lassen, den Wucherern, also Todsündern, gleich. «Aber was veräußern sie denn eigentlich? Wissenschaft, die – wie die Zeit (mit der die Wucherer handeln, M. G.) – niemand anderem gehört als Gott.»[11] Ein Verdikt über die Entlohnung für die Weitergabe von Wissen, das ganz anders begründet ist und gleichsam mit heiligem Zorn vorgetragen wird.

Heute hat sich die gewerkschaftliche Auffassung durchgesetzt, daß der Lehrer mit Aus- und Einkommensgarantie freier reden kann als der, der um die Gunst und finanzielle Zuwendung seiner Schüler buhlen muß. Eines jedoch ist sicher: Mit der Lehrerbesoldung wird die Mitteilung als Weise des Unterrichtens strukturell abgeschafft. Der Mitteiler verhält sich im Rahmen der bezahlten Dienstleistung schlechthin unprofessionell. Und das zeigt deutlicher als alles andere, daß sich ein Lehrer, der überzeugt wäre, dem Lernen mangele etwas Entscheidendes, wenn die Mitteilung daraus verbannt wird, nicht einfach entschließen könnte, mitteilsam zu werden. Er könnte das tun, jedenfalls in gewissem Umfang, aber das wäre eine widerspenstige Attitüde. Sobald er dafür zur Rechenschaft gezogen würde, müßte er die Konsequenzen tragen. Im Rahmen einer bezahlten Lehrertätigkeit hat niemand Anspruch darauf, seiner Mitteilsamkeit freien Lauf zu lassen.

Ich nehme an, Düischen war ein unbezahlter Lehrer. Nur deshalb

10 Le Goff, Jacques: Wucherzins und Höllenqualen: Ökonomie und Religion im Mittelalter, Stuttgart 1988, S. 42.

11 Ebenda, S. 42.

konnte er es sich leisten, sich über jeden einzelnen Schüler zu beugen und dabei eine außerordentliche Geduld zu bewahren. Offenbar wurde diese Lernunternehmung nicht von einem zu erledigenden Pensum mit harter Knute dirigiert. Vielmehr wurde jedem einzelnen das ihm Mögliche zugemutet und das ihm Zukommende gewährt. Die Vorstellung, daß das Lernen und der Wissenserwerb in erster Linie ein Turnierkampf sei, bei dem alles darauf ankommt, im *Vergleich* mit andern, die auch nichts anderes im Sinn haben, möglichst gut abzuschneiden, scheint sich weder dem Lehrer noch seinen Schülern aufgedrängt zu haben.

Es scheint, als hätte unter Düischens behutsamer Regie jeder nach seiner armseligen Façon lern- und erkenntnisselig werden können. Tatsächlich ist es ja auch eine durchaus abwegige Idee, den eigenen Lernfortschritt an den über- oder unterlegenen Lern-«Gegnern» ablesen zu wollen, als sei mein Wille, etwas zu lernen, gleichbedeutend mit dem rüden Entschluß, andere zu schädigen. Nur innerhalb einer kühl kalkulierenden Komparatistik, die es erlaubt, die Schüler anhand vorgegebener Standards penibel durchzumustern und ihnen ihren jeweiligen Platz auf der Gaußschen Normalkurve anzuweisen, kann der Lehrer sich als Experte für Leistungsbeurteilung Respekt verschaffen. Ansonsten wäre wohl nur der Lernende selbst imstande zu beurteilen, ob er durchs Lernen klüger und einsichtiger geworden ist, und zwar völlig unabhängig davon, ob andere lernend voranstürmen oder zurückbleiben. Und wiederum kann nur der Mitteiler, nicht aber der Vermittler den Schülern diese Kompetenz zugestehen.

Nun will die Unterscheidung zwischen Mitteilung und Vermittlung nicht etwa eine Lanze für die Zwergschule brechen oder nostalgische Sehnsüchte nach gemütlichen und behaglichen Lernstätten kultivieren. So behaglich waren sie nicht, die Zwergschulen der wilhelminischen Ära, in denen Lehrer Schmidt mit dem Rohrstock den Takt fürs Herunterleiern von Bibelversen, Grammatikregeln und mathematischen Gleichungen angab.

An die entscheidende Differenz zwischen diesen beiden Weisen des Lehrens und Lernens habe ich erinnert, weil womöglich die Kunst der Mitteilung und die ihr entsprechende Kunst des Hinhörens eine Bedingung dafür wären, daß Schulbildung und Barbarei sich nicht umstandslos miteinander versöhnen. Dieser Gefahr wegen ist die Professionalisierung der Lehrer zu Vermittlungsagenten keinesfalls unbedenklich.

Coole Schule

Kapitel III

oder: *Die Tyrannei der Langeweile*

Gut beschult und doch entgeistert

Die Schulzeit ist eine so entscheidende und unausweichliche Erfahrung im Leben eines Menschen, daß sie eine ganze Literatur hervorgebracht hat. In der Regel geht es darin nicht so enthusiastisch zu wie bei Aitmatow oder so liebevoll spöttisch und subversiv wie in Spoerls «Feuerzangenbowle». Meist werden Gewalt- und Leidensgeschichten berichtet, wie in Thomas Manns «Buddenbrooks», in Musils «Jungem Törless» oder in Heinrich Manns «Professor Unrat». Auch Stefan Zweig denkt an seine Wiener Schulzeit am Fin de Siècle mit einer Mischung aus Verachtung und Verärgerung, aber auch Beklemmung und Grausen zurück:

«Fünf Jahre Volksschule und acht Jahre Gymnasium mußten auf hölzerner Bank durchgesessen werden, täglich fünf bis sechs Stunden, und in der freien Zeit die Schulaufgaben bewältigt und überdies noch, was die ‹allgemeine Bildung› forderte neben der Schule, Französisch, Englisch, Italienisch, die ‹lebendigen› Sprachen neben den klassischen Griechisch und Latein – also fünf Sprachen zu Geometrie und Physik und den übrigen Schulgegenständen. Es war mehr als zuviel und ließ für die körperliche Entwicklung, für Sport und Spaziergänge fast keinen Raum und vor allem nicht für Frohsinn und Vergnügen. (...) meine ganze Schulzeit war, wenn ich ehrlich sein soll, nichts als ein ständiger gelangweilter Überdruß, von Jahr zu Jahr gesteigert, durch die Ungeduld, dieser Tretmühle zu entkommen, (die) uns die schönste, freieste Epoche unseres Daseins gründlich vergällte. (...) kaum daß wir das verhaßte Haus betraten, (mußten wir uns) gleichsam in uns hineinducken (...), um nicht mit der Stirn gegen das unsichtbare Joch zu stoßen. Schule war für uns Zwang, Öde, Langeweile, eine Stätte, in der man die ‹Wissenschaft des nicht Wissenswerten› in genau abgeteilten Portionen sich einzuverleiben hatte, scholastische oder scholastisch gemachte Materien, von denen wir fühlten, daß sie auf das reale und auf unser persönliches Interesse keinerlei Bezug haben konnten. Es war ein stumpfes, ödes Lernen nicht um des Lebens willen, sondern um des Lernens willen, das uns die alte Pädagogik aufzwang. Und der einzige wirklich beschwingte Glücksmoment, den ich der Schule zu danken habe, wurde der Tag, da ich die Tür für immer hinter mir zuschlug. (...) durch die akkurate Planhaftigkeit und ihre trockene Schematisierung wurden unsere Schulstunden grauenhaft dürr und unlebendig, ein kalter Lernapparat, der sich nie an dem Individuum regulierte und nur wie ein Automat mit Ziffern ‹gut, genügend, ungenügend› aufzeigte, wie weit man den Anforderungen des Lehrplans entsprochen hatte. Gerade aber diese menschliche Lieblosigkeit, diese nüchterne Unpersönlichkeit und das Kasernenhafte des Umgangs war es, was uns unbewußt erbitterte. (...) Man saß paarweise wie die Sträflinge in ihrer Galeere auf niederen Holzbänken, die einem das Rückgrat krümmten, und saß, bis einem die Knochen schmerzten (...) Auch unsere Lehrer hatten an der Trostlosigkeit jenes Betriebs keine Schuld. Sie waren weder gut noch böse, keine Tyrannen und andererseits keine hilfreichen Kameraden, sondern arme Teufel, die sklavisch an das Schema, an den behördlich vorgeschriebenen Lehrplan gebunden ihr ‹Pensum› zu erledigen hatten, wie wir das unsere. (...) Sie liebten uns nicht, sie haßten uns nicht, und warum auch, denn sie wußten von uns nichts (...) Denn zwischen Lehrer und Schüler, zwischen dem Katheder und der Schulbank, dem sichtbaren Oben und dem sichtbaren Unten stand die unsichtbare Barriere der ‹Autorität›, die jeden Kontakt verhinderte.»[1]

Nach dieser deprimierenden und trostlosen Schulbeschreibung kommt Stefan Zweig zur Sache. Er erinnert sich seiner eigentlichen Bildungsgeschichte, die sich abspielte im Kreise wetteifernder Gleichaltriger, selbstverständlich außerhalb der Reichweite der alle Begeisterung erstickenden Lernanstalt, im Wiener Kaffeehaus näm-

1 Zweig, Stefan: Die Welt von Gestern, Stuttgart/München o.J. (Original 1944), S. 47 ff.

lich, in Theatern, Buchhandlungen und Bibliotheken: «(...) und außen war eine Stadt voll tausendfältiger Anregungen, eine Stadt mit Theatern, Museen, Buchhandlungen, Universität, Musik, wo jeder Tag andere Überraschungen brachte. So warf sich unser zurückgestauter Wissensdurst, die geistige, die künstlerische, die genießerische Neugierde, die in der Schule keinerlei Nahrung fand, leidenschaftlich all dem entgegen, was außerhalb der Schule geschah. Erst waren es nur zwei oder drei unter uns, die solche künstlerischen, literarischen, musikalischen Interessen in sich entdeckten, dann ein Dutzend und schließlich beinah alle. Denn Begeisterung ist bei jungen Menschen eine Art Infektionsphänomen.»[2]

Bleierne Unlust, demonstrative Gelangweiltheit

Wenn der Schule ebenfalls überdrüssige Schüler an unserem Fin de Siècle in die Abrechnung mit diesem zermürbenden, verödenden, von Beamtengesinnung durchherrschten Schulknast von Herzen einstimmen möchten, weil sie ihre eigene Befindlichkeit darin trefflich beschrieben fänden, dann hätten sie nicht genau genug gelesen. Sie wären zur Gleichsetzung dieser um ein Jahrhundert versetzten Erfahrungen nur um den Preis der Unterschlagung wesentlicher Differenzen imstande, könnten sich nur im allgemeinen, nicht aber epochenspezifischen Überdruß mit dieser Schulschelte verbünden. Andererseits ist auch die Neidanwandlung, zu der sich Stefan Zweig bekennt, wenn er die Schülergeneration, die er von der Warte seines Alters her beobachtet, «angstlos zur Schule eilen und den Wünschen und Neigungen ihrer neugierigen Seelen» nachgehen sieht, mit den Lehrern fast au pair und im Plauderton parlierend[3], eher einer schwärmerischen als einer genauen Betrachtung zuzuschreiben.

2 Ebenda, S. 57.
3 Ebenda, S. 48.

Die bloße Überwindung des Kasernendrills und die Tatsache, daß die Möchtegern-Despoten, die geistesabwesenden Trottel und verknöcherten Langweiler in der heutigen Lehrerschaft zu den aussterbenden Arten gehören, macht die Schule noch nicht zu einem freundlichen, anregenden und geistreichen Ort. Die Bemühung um ergonomisch gestylte Sitzmöbel, die regelmäßig ausgeübte sportliche Ertüchtigung und der enthysterisierte Umgang der Jugendlichen beiderlei Geschlechts überwinden noch nicht die Leibfeindlichkeit der Schule. Daß der Tonfall, der zwischen Lehrern und Schülern gang und gäbe geworden ist, sich mehr ins Freundlich-Vertraute, sogar ins Besorgt-Interessierte gewendet hat, hindert nicht, daß das schulische Miteinander sich zunehmend entpersönlicht. Die Schule ist immer noch eine Zumutung, immer noch ein Ort «veranstalteten», um nicht zu sagen «verknasteten» Lernens, immer noch eine Schaltstelle für gesellschaftliche Rangzuweisung, wenn auch die Galeere nicht mehr die Assoziation ist, die durch das aufgelockerte Durcheinander modernen Schulbetriebs heraufbeschworen wird.

An die Stelle der alten Zwinglust ist eine eher therapeutische Gesinnung getreten. Aber von ihrer Auslesefunktion ist die Schule nicht einen Millimeter weit abgerückt, wenn auch heutige Lehrer, von solchen mit sadistischer Grundgestimmtheit einmal abgesehen, sich nicht gern frank und frei und ohne wenn und aber zu diesem Metier der Be-, Ab- und Entwertung ihrer Schüler bekennen mögen, sondern sich eher als Helfer zu deren Aufwertung empfehlen.

Die Lehrer sind in diesem lebensentscheidenden Wettkampf unter Mißachtung aller sportlichen Gewaltenteilung Dreifachfunktionäre. Sie sind Mitveranstalter; in dieser Funktion heizen sie die Wettkampfstimmung an. Sie sind Trainer, will sagen, sie ertüchtigen und präparieren die Teilnehmer für die bevorstehende Konkurrenz; als solche sind sie parteiisch für ihre Schutzbefohlenen. Und schließlich sind sie Kampfrichter; in dieser Funktion sind sie die «unparteiischen» Hüter der Leistungsstandards und fällen Urteile über Sieg und Niederlage. Es gehört zum guten Ton heutigen Lehrerseins, die erste und die dritte Funktion, die des Veranstalters und des Schiedsrichters, nicht zu mögen und sich ganz mit der des Betreuers, Begleiters und Förderers zu identifizieren. Daher hat der Plauderton, das Auf-du-und-Du, das sich eingespielt hat, etwas Beflissenes, um Gunst Buhlendes, etwas Überlautes und angestrengt Ablenkendes. Es ist dabei Gewaltverleugnung im Spiel; Gewalt, die man als Lehrer vor sich selbst nicht wahrhaben will, weil ihre Offenlegung die ganze pädagogische Identität zum Schmus machte, und die man vor den Schülern verheimlichen möchte, weil sonst die eigene Verläßlichkeit und Glaubwürdigkeit gründlich in Frage gestellt wären.

Die persönliche Zuwendung des Lehrers zu seinen Schülern ist Heuchelei, wie ernst sie subjektiv gemeint sein mag. Denn in letzter Hinsicht gilt dies Interesse nicht der unverwechselbaren, einzigartigen Person, sondern ihr im Vergleich mit anderen und ihr als einer an Lernstandards zu messenden. Das drohende «Gewogen und zu leicht befunden» vergiftet jede wirkliche Anteilnahme.

Von all dem spricht Stefan Zweig nicht. Daß er als Gymnasiast immer schon einer auserwählten Kaste angehörte, die dann ihrerseits in den höheren Bildungsanstalten noch einmal nachverlesen wurde, daß die Schule sich also systematisch am Gleichheitsgebot verging, ist nicht in erster Linie das, was er ihr ankreidet. Der Rückblick auf die von ihm durchlittene Schulzeit ist von produktiver Einseitigkeit. Seine Schulkritik speist sich nicht aus einem Gerechtigkeits- oder Gleichheitspathos, sondern aus einem Begeisterungspathos. Daß die Schule sie nicht zu begeistern vermochte, daß sie der jungen Generation die Inspiration schuldig geblieben ist, daß sie jede Geistesgegenwart vermissen ließ, keine Überraschungen sich in ihr ereignen konnten und keine Neugier geweckt wurde; daß sie sie mit toter Wissensmaterie bis zum Rand abgefüllt hat und mit Antworten, zu denen es keine Fragen gab; daß sie sie nicht emporgehoben und beschwingt, sondern nur niedergezogen hat, das wirft Stefan Zweig der Schule und – trotz der scheinbar geübten Nachsicht – auch den Lehrern vor; ohne sich allerdings zu fragen, ob denn die Schule je dazu berufen war, begeisternd zu sein, und ob sie dies ihren Zöglingen je in Aussicht gestellt hat.

Ich glaube nicht, daß die heutige Schülergeneration, die ja mit ihrer Lustlosigkeit und schulterzuckenden Gleichgültigkeit ihr Teil dazu beigetragen hat, daß die Schule ins Gerede gekommen ist, den Mangel an Begeisterndem an der Schule beklagt. Die trotzige Gelangweiltheit, das habituelle Angeödetsein, mit dem heute auf die Schule reagiert wird, schließt das Verlangen nach Inspiration, Ansporn und Begeisterung eben *nicht* ein.

Lernen mit beschränkter Haftung

Bei der Begeisterung handelt es sich ja durchaus nicht – wie ein leichtfertiges Mißverständnis glauben machen möchte – darum, den Unterhaltungswert des Lebens zu steigern, um es amüsanter und kurzweiliger zu haben. Begeisterung läuft vielmehr – worauf P. Sloterdijk, der die Begeisterung als tiefsinniges philosophisches Theorem wiederentdeckt hat, hinweist – auf einen letzten, unter Umständen tödlichen Ernst hinaus. Begeisterung ist die Antriebskraft, die Menschen *nötigt*, über sich selbst hinauszuwachsen, die in der Geschichte immer wieder einzelne dazu herausgefordert hat, sich an der «Überbietung des Menschen durch den Menschen» (P. Sloterdijk) zu versuchen; die besondere Individuen dazu hingerissen hat, sich unter erheblichen Selbstgefährdungen bis an die Grenze des Menschenmöglichen vorzuwagen.

Zur Begeisterung gehören zwei: derjenige, der, selbst begeistert, Begeisterndes weitersagt, und derjenige, der das Wagnis eingeht, sich vom Feuer der Begeisterung anstecken zu lassen: «(...) was Menschen sein können, davon erfahren sie aus einem ständigen Strom von Ankündigungen, Ernennungen und Aufrufungen. Menschen kündigen Menschen an, indem sie – auch in den höchsten Tönen – vom Menschenmöglichen reden. (...) Wer den Einladungen der Rede von den höheren Menschenmöglichkeiten folgt, gerät ins Zentrum des Menschenbildungsprozesses. Indem sie von solchen Reden durchdrungen werden, erfahren Individuen den Impuls, nicht nur Hörer des Worts zu bleiben, sondern seine Täter zu werden. Seit jeher war Menschwerdung ein Geschehen, in dem eminente Sprecher ihren Mitmenschen Modelle des Menschseins vorsagten – exemplarische Geschichten von den Ahnen, den Helden, den Heiligen, den Künstlern. Ich nenne diese demiurgische Kraft der Sprache das Versprechen. Der Mensch muß dem Menschen versprochen werden, bevor er an sich selbst erprobt, was er werden kann. (...) In die begeisterte Position falle ich nur als Hörer einer Stimme, die mich zu mir ernennt, mich mir vorhersagt und mir meinen Weg des eigensten Seinkönnens verheißt.»[4]

«Das Wagnis, sich entschlossen begeistern zu lassen, kann nur dort übernommen werden, wo eine aktuelle Erregung zur Ausschaltung der mentalen Reserven führt. (...) Am Ernst scheiden sich nicht nur die Geister, sondern auch die Begeisterungen.» Die Begeisterung «ist erst im Ernstfall in ihrem Element; ihre Leuchtfeuer sind das Harte, das Schwere, das eine, das not tut»[5]. Das Wagnis dieses Ernstfalls besteht in der Möglichkeit, sogar Wahrscheinlichkeit des Scheiterns; an der «Selbstüberforderung» einerseits und am Widerstand der Unbegeisterten, der zum Mittelmaß Entschlossenen, die nicht aufgestört sein wollen, andererseits.

Fraglich, ob Stefan Zweig mit seinem Plädoyer für die Begeisterung diesen Ernstfall gemeint hat. Unfraglich jedoch wird keine noch so gutgläubige Illusion über die prinzipiell segensreiche Mission der Schule sie mit der Erwartung befrachten wollen, sie hätte scharenweise solche Protagonisten der «Überbietung des Menschen durch den Menschen» hervorzubringen; sie hätte die Anfeuerung zur Grenzgängerei als hohes, aber nicht zu hoch gestecktes Ziel ihrer pädagogischen Bemühungen ins Auge zu fassen. Was ihr allenfalls abverlangt wird, ist eine Mikroversion jener großen Begeisterung, die die «Propheten, Heiligen, Helden und Künstler» vorwärtstreibt; der kleine Enthusiasmus, der ausreicht, sich über die Kleingläubigkeit, Verzagtheit und Bedenkenträgerei gegenüber den eigenen Potentialitäten hinwegzusetzen, aber auch über die Bequemlichkeit, Trägheit und Festgefahrenheit, über die ängstliche Vermeidung jener Wachstumsschmerzen, die sich nun einmal einstellen, wenn man über sich selbst hinauswachsen will.

Die Schule ist jedoch auch zu dieser bescheideneren Variante der

4 Sloterdijk, Peter: Weltfremdheit, Frankfurt 1993, S. 29 f.
5 Ebenda, S. 32.

Entflammung sowohl der Erzieher wie der Zöglinge rundum ungeeignet. Sie ist im Gegenteil eine Veranstaltung, die sich gegen derlei Einbrüche des Eminenten hermetisch versiegelt hat. Sie kann geradezu als ein Maßnahmenbündel zur Unterbindung der Begeisterung aufgefaßt werden. In allen ihren Einzelaspekten ist sie systematisch auf die Produktion von Durchschnittlichkeit spezialisiert. Der Durchschnitt ist ihr Einheitsmaß. Der Schule die Begeisterung ihrer Insassen zur Aufgabe zu machen hieße, alle ihre Konstruktionsprinzipien so radikal außer Kraft zu setzen, daß das, was übrigbliebe, nicht mehr «Schule» genannt werden könnte.

- Die Unterstellung, zum Beispiel, daß der Mensch fürs Lernen nicht gemacht sei und nur durch Zwangsvorführung dazu veranlaßt werden könne. Sie hat Karriere gemacht und sich zu einer erdrückenden modernen Selbstverständlichkeit verdichtet. Unter dem Einfluß so allgemeiner generationsübergreifender Übereinkunft wird dreistes Lernen gründlich entmutigt, und die Neigung, sich zu Höherem zu berufen, ungeahnte, schlummernde Potenzen in sich zu vermuten, zu entdecken und zu wecken, erstirbt unter dem Gewicht dieser Vorverurteilung.

- Ebenso entgeisternd ist die Zusammenfassung der zum Lernen Verurteilten in Rudeln von Gleichaltrigen zwecks optimaler Vergleichbarkeit ihrer Lernresultate. Diese Maßnahme atmet so sehr den Geist rechenhafter Arbeitsteilung, buchhalterischer Rationalisierung und durchorganisierten Gleichtaktes, erzeugt ein so lähmendes Klima, daß darin jede noch so bereitwillige Begeisterung unvermeidlich zum Erliegen kommt.

- Schulisches Lernen ist Lernen im 45-Minuten-Takt. Das ist eine Vorgabe, die die Schüler nachdrücklich warnt, sich durch irgendeinen Gegenstand verwickeln, in Bann schlagen, in Erregung versetzen zu lassen. Die Schulglocke sorgt perfekt für die Folgenlosigkeit jeder womöglich trotz aller getroffenen Vorsichtsmaßnahmen entflammten Leidenschaft für die Sache: Enthusiasmus interruptus.

Vor dem *Wagnis* der Einsicht bewahrt die Schule die Lernenden ängstlich. Daß das Lernen sie auf vorwärtstreibende Weise befähigte, sie in Bewegung setzte, sie zu riskanten Konsequenzen nötigte, zu Konsequenzen des Weiterfragens, des Vor-, Nach- und Bedenkens, der Skepsis, der Verzweiflung, der Besessenheit, des mutlosen Abbruchs; daß die Einsicht be- und verantwortet sein will, daß sie einen unwiderstehlichen Zwang zur Selbstüberschreitung ausüben kann, Anstrengung bis zur Grenze der Belastbarkeit evoziert, all diese Zumutungen weiß die Schule den ihr Anempfohlenen zu ersparen. Denn das in der Schule Gelernte ist dem Lernenden nicht *zu eigen*. Es ist nicht dazu ausersehen, Teil *seiner* Erfahrung zu werden und *seine* Eigenheit zu begründen; auch nicht geeignet, eine unverwechselbare Geschichte in Gang zu setzen und ihren Lauf nehmen zu lassen. Der Schüler ist vielmehr gehalten, das Gelernte periodisch zu veräußern und als etwas Abstraktes, von ihm Getrenntes zur Begutachtung vorzulegen. Die Lernergebnisse sind in regelmäßigen Abständen der Zensur auszuliefern. Nur als Gegenstand bewertender Inspektion findet Einsicht, nein: das Lernresultat überhaupt Beachtung. Einmal inspiziert und auf einer Bewertungsskala numerisch eingeordnet, hat es für den Lernenden – und für den Lehrenden – seinen Zweck erfüllt und kann als erledigt gelten.

Jedoch: «Bildungselemente, die ins Bewußtsein geraten, ohne in dessen Kontinuität eingeschmolzen zu werden, verwandeln sich in böse Giftstoffe»[6], schreibt Adorno über die Halbbildung. Die in der Schule verabreichten Lerninhalte sind in diesem Sinne hoch toxisch. Schulisches Lernen bewährt sich nicht daran, daß die Lernenden unter dem Eindruck gewonnener Einsichten «täglich neu geboren», also *gebildet* werden (E. Fromm), sondern daran, daß sie bei Bedarf, nämlich auf Anweisung, das Gelernte *möglichst unbenutzt* wieder zutage fördern können.

Die Schüler halten sich in diesem Vorgang als eine Art Zwischenlager für bewandtnislose Bildungsfragmente zur Verfügung. Es ist

6 Adorno, Theodor W.: Theorie der Halbbildung, in: ders.: Soziologische Schriften I, Frankfurt 1979, S. 112.

leicht einzusehen, daß solche Deponieverwaltung nicht viel Anlaß zur Begeisterung gibt; außer einer gewissen Funktionslust vielleicht, wie man sie an zügiger und ordentlicher Erledigung an sich langweiliger und belangloser Verrichtungen erleben kann. Einsicht, die einerseits die Person prägt und andererseits durch sie ihre besondere Prägung erfährt, entzieht sich der Bewertung. Honoriert werden die Schüler also für den Nachweis, daß sie das ihnen anvertraute Lerngut sachgemäß eingelagert haben und es unbeschädigt, unentstellt durch persönlichen Gebrauch, nicht deformiert durch eigene Beigaben, gleichsam «wie neu» wieder vorzuzeigen imstande sind.

Danach mag daraus werden, was will, Bildungsmüll zum Beispiel. Der nun soll giftig sein. Das heißt, diese Sorte «Bildung» geht nicht einfach spurlos an den Lernenden vorbei, sondern schädigt sie nachhaltig. Gelernt wird nämlich dabei, daß es nicht darauf ankommt, wer man sei, sondern einzig darauf, was man vorzuzeigen hat. Der Gestus des Demonstrativen, der auch in anderen sozialen Umfeldern zunehmend beherrschend wird, wird bis zur Perfektion einstudiert: jeder sein eigener Showmaster.

Erich Fromm beklagte den Sieg, den die Haben-Kultur über die Seins-Kultur davongetragen hat. Mit Blick auf den Zustand der schulisch verabfolgten Bildung ist die Niederlage der Brauchbarkeits-Kultur gegenüber der Demonstrations-Kultur zu beklagen. Das «Ich habe, also bin ich» erfährt eine Steigerung im: «Ich demonstriere etwas, also muß ich nicht(s) sein.»

Das Apportierverhalten, das die Schule ihren Zöglingen seit jeher abverlangt hat, bekommt heute eine neue Bedeutung. Es ist nicht mehr so harmlos wie das Herunterleiern von auswendig Gelerntem, mit dem noch unsere Eltern ihrer Bildungspflicht genügten. Das machte ja nie einen Hehl daraus, daß es den Lernenden *auswendig* blieb, eine Fertigkeit eben. Über das Stadium des bloßen Nachplapperns von fertigen Sätzen ist die Schule hinaus. Heute ist es ihr nach allgemeiner Übereinkunft um die «Vermittlung von Einsicht» zu tun. Einmal abgesehen davon, daß dies ein Widerspruch in sich ist, weil sich Einsicht und Vermittlung nun einmal nicht vertragen, ist das, was *wie* eine Einsicht zustandekommt, durch Abwägen der

Argumente nach allen Regeln der Kunst, darum beileibe noch nicht verbindlich und folgenreich, wie es der Einsicht zukommt. Man kann sich seiner, schulischen Gepflogenheiten entsprechend, mit Anstand wieder entledigen, indem man es *veräußert* und den Gegenwert in Gestalt einer Zensur dafür kassiert. Schulisches Lernen ist eine Prozedur mit äußerst beschränkter Haftung in dem doppelten Sinn des Wortes, daß selten etwas davon haften bleibt und daß niemand auf die Idee verfällt, jemand sei bei einer errungenen Einsicht auch tatsächlich behaftbar.

Die geheime Botschaft der Zensur, die die Schule zu ihrem zentralen Anliegen gemacht hat, ist nicht nur, daß die Schüler sich in einem gnadenlosen Kampf aller gegen alle befinden. Das ist fatal genug. Fataler ist jedoch das andere Lernpensum, das dabei ganz beiläufig erledigt wird, nämlich daß das Lernen eine erfreulich unverbindliche Angelegenheit ist, daß nichts von dem, was gelernt wurde, gilt; daß es einen Denk-Folge-Zusammenhang nicht gibt. Das Gelernte wird unter der Hand zu einer Art Besitztitel, eine bloße Daseins-*Zutat*, mit der verfahren werden kann wie mit jedem andern Besitz auch. Man kann sich damit schmücken, kann, darauf pochend, sozialen Rang einfordern, es hat einen Tauschwert, man kann es jeweils auf den modischen Stand bringen, es, wenn es wertlos geworden ist, wieder abstoßen wie ein Aktienpaket oder es günstigerenfalls in klingende Münze verwandeln. Und, was das wichtigste ist, man kann den Besitz nach Kräften mehren. Daß das Lernen unter Rentabilitätsgesichtspunkten organisiert und in Zuwachsraten kalkuliert werden kann, das ist schließlich, nachdem die Begeisterung zum Erliegen kam, jenes Motiv, das alle Unlust und Langeweile übersteht. Man muß nur Schüler oder Studenten dabei beobachten, wie sie akribisch Punkte auf Kommastellen genau berechnen, um sich einen Überblick über ihre schulischen oder universitären Karriereaussichten zu verschaffen, dann weiß man, daß die Begeisterung gegen die buchhalterische Gesinnung keine Chance mehr hat.

Enthusiasmus perdu

Die ketzerische Frage drängt sich auf, ob nicht die Schule, an die sich Stefan Zweig mit Schaudern und mit Bedauern über die dort vergeudete Zeit erinnert, gerade weil sie so herzlich schlecht war, so ins Auge springend unzulänglich, ihm und seinen Mitschülern eine außerschulische Karriere der Begeisterung beschert hat und ob nicht eine durch und durch laue Schule, die den Anschein erweckt, man könne dort lernend sein Genüge haben und sein geistiges Auskommen finden, eine viel wirksamere, nämlich umfassende Attacke auf die Begeisterung und auf die Geistesgegenwart ist.

Die Frage ist heikel, läuft sie doch auf die Hypothese hinaus: Je erbärmlicher die Verhältnisse, desto unwiderstehlicher quellen aus den Menschen die guten Gegenkräfte hervor. Diese These hat zwar manche krisentheoretische Spekulation beflügelt, ist aber historisch nicht gerade überzeugend belegt und auf keinen Fall verallgemeinerbar. Dennoch scheint die Annahme berechtigt, daß die rohen, gewaltförmigen, offen autoritären Formen der Machtausübung es den Menschen auch in der Schule weniger leicht machen, sich mit ihnen zu arrangieren, als die leisen, unkenntlichen, mit den Bedürfnissen der Unterworfenen kollaborierenden. Offene Macht mag einschüchtern und so den Widerstandswillen außer Kraft setzen, aber zufriedengeben kann man sich nicht mit ihr. Stefan Zweig und sein Club der jungen Dichter haben der Schule nicht ins Angesicht hinein widerstanden, sie haben sich unter ihr hinweggeduckt, haben sich geistig über sie erhoben, waren in ihren Gemäuern anwesend abwesend, sind vor ihr ins Kaffeehaus ausgewichen und haben sich ihr zum Trotz – subversiv – gebildet.

Wäre es möglich, daß die ermäßigten Schulbedingungen, die freundlich gewährende Attitüde, der eher fördernde und helfende Gestus der modernen Lehrer bei im ganzen gleichbleibenden Absichten solcher trotzigen Begeisterung den Garaus macht, ohne – wie gesagt – etwas eigenes an ihre Stelle setzen zu können? Könnte es sein, daß die zu mittelmäßiger Erträglichkeit emporentwickelte Schule erst wirklich ausweglos geworden ist und das Geschäft der Alleinbegünstigung des visionären Mittelmaßes betreibt?

Nicht daß die Schule den Niedergang der Begeisterung allein auf dem Gewissen hat. Sie teilt sich dies Verdienst mit einer insgesamt düsteren und apathisierenden Zukunftsprognose, mit der zur Alleinherrschaft gelangten Religion des Konsumismus, der zufolge nur existiert, was konsumierbar ist, mit den für «Seichtheit und Gedankenlosigkeit» (H. Arendt) werbenden Medien, die mit einem herzhaften «think positive» glauben machen, daß wir – mitten im Niedergang – bereits in der besten aller Welten angekommen sind.

Kein Anlaß also zur eminenten Kraftanstrengung der Begeisterung. «Wer könnte leugnen», schreibt Sloterdijk, «daß das Medienzeitalter zu einem Triumph der entgeisterten Vitalität geführt hat, – orientiert am Leitbild sportlich-musikalischer Grenzdebilität?»[7]. Die Begeisterung, die auf der Höhe unserer Zeit ist, begnügt sich mit der «Unterbietung des Menschen durch den Menschen»[8]. Sie ist auf das Niveau blöder Bewunderung von Idolen heruntergekommen und findet ihre Erfüllung in dumpfem Starkult.

Von Selbstüberschreitungsgelüsten keine Spur. Die bornierte Huldigung subnormaler Exzentrik ist durchaus kein «Privileg» der Jungen. Generationenunterschiede machen sich allenfalls in der Wahl der Idole bemerkbar. Sloterdijk macht sich als Zeitgenosse solcher Dekadenz Mut mit der Feststellung, daß der Abstieg nicht unaufhaltsam sei, daß Enthusiasmus sich unvorhergesehen, gleichsam out of the blue wiederbeleben könne.

Ich fürchte, um die Begeisterung steht es noch schlechter. Sie ist nicht einmal mehr als dekadenter Abklatsch in Mode, nicht einmal mehr in der anstrengungslosen Form hirnloser Hingerissenheit.

Ich wurde Ohrenzeugin eines Gesprächs zwischen zwei Halbwüchsigen, die an einem heißen Sommertag vorbeiradelten. Der offenbar Jüngere von beiden, eifrig, im Tonfall, mit dem man eine Neuigkeit zum besten gibt: «Es gibt einen neuen Song über Techno!» Der andere, betont unbeeindruckt: «Ja, aber is langweilig.» Der Kleine, nachsetzend: «Aber das gibt's!» Der andere, schläfrig: «Ja, aber is langweilig.» Damit verwehte der Gesprächs-

7 Sloterdijk, Peter: Weltfremdheit, a. a. O. S. 38.
8 Ebenda S. 38.

fetzen. Mir ging auf, daß in diesem völlig unspektakulären Gesprächsfragment ein Machtkampf entschieden worden war, eine Festlegung von Über- und Unterlegenheit. Der durch und durch Gelangweilte war der eindeutig Überlegene. «Coolness» ist das dominante Ideal. Wo «coolness» geboten ist, hat derjenige, der sich zu irgendeinem und sei es auch noch so leichtgewichtigen Interesse bekennt, sich bereits etwas vergeben und seinem Ansehen schweren Schaden zugefügt. Gesprächiger Enthusiasmus hat ausgespielt. Der Begeisterte kann auf keine Gefolgschaft rechnen. Souveräne Gleichgültigkeit, Wortkargheit und Unterkühlung bestimmen das Weltverhältnis der Jüngeren. Das mag angesichts des Zustands der Welt für die Ausbalancierung der eigenen Befindlichkeit sogar klug sein. So macht man sich enttäuschungsfest. Wer nichts will, dem fehlt nichts.

Könnte es nicht sein, daß diese ausgekühlten Gemüter, die sich zu nichts mehr aufschwingen mögen, der Welt in ihrer rundum schlechten Verfassung sogar bekömmlich sind? Die «Coolen» haben zum Fanatismus wenig Eignung. Und wenn es richtig ist, daß die Welt an ihren Erlösern zugrunde zu gehen droht, dann wären es die Unbegeisterten und Uneifrigen, die ihr eine Erholungspause gönnen, indem sie nichts mehr mit ihr vorhaben, sie ganz einfach in Ruhe lassen. Emil M. Cioran erbost sich darüber, daß man «vor lauter Heilswahn», der sich epidemisch ausbreitet, «nicht mehr atmen kann. Bei jedem einzelnen», schreibt er, «wirkt das Verlangen, Ursache von Ereignissen zu sein, wie eine geistige Störung, wie ein selbstgewollter Fluch. Die Gesellschaft: eine Hölle voll Erlöser! Einen Gleichgültigen, das war es, was Diogenes mit seiner Laterne suchte.»[9] Dann wäre also die Enthusiasmus-Askese, die Begeisterungsabstinenz, ja sogar die Apathie, die an den Jüngeren zu beobachten ist, immer noch heilsamer als die Weltverbesserungsobsession von ehedem? Gleichgültigkeit als Utopie?

Die Logik ist verführerisch komfortabel, aber wohl doch nicht realitätshaltig: Die umtriebigen Macher aus dem technisch-wissenschaftlichen Lager, die sich die Alleinerbschaft der verbliebenen

9 Cioran, Emil M.: Lehre vom Zerfall, Stuttgart 1979, 2. Aufl., S. 9.

Begeisterungsreserven gesichert haben, haben die Begeisterung bis zur Unkenntlichkeit entstellt, buchstäblich umgedreht. Die «Überbietung des Menschen durch den Menschen» hat abgewirtschaftet – auch in der bescheideneren Variante des Hinauswachsens-über-sich-Selbst. Sie geht für heutigen Geschmack zu langsam vonstatten; solche Überschreitungen sind zu unerheblich; zu sehr ist diese Grenzverschiebung im Bereich des Menschenmöglichen gebunden an den Mut und die Entscheidung einzelner, auf die man nicht wie auf einen Zufall warten kann; der Kraftakt der Selbstüberforderung ist zu unelegant; die notwendige Anstrengung abschrekkend ächzend. Der Begeisterung sollten daher Investitionsmöglichkeiten in einer gewinnträchtigeren Branche eröffnet werden. Die Überbietung des Menschenmöglichen sollte «completely at ease» bewerkstelligt werden können: Enthusiasmus wird heutzutage investiert in die Überbietung des Menschen durch sein technisches Gerät.

In äußerster Beiläufigkeit und ohne Kraftaufwand, risiko- und schmerzlos kann man mit der Hilfe des technischen Gerätes über sich selbst hinauswachsen, so die Verheißung.

Das eigene Wachstum verdankt sich einer Serviceleistung der Industrie. Das ist die attraktive Novität, die die strategisch eingesetzte Begeisterung moderner Eliten hervorbringt. Von diesem Angebot läßt sich allerdings auch unbegeistert, cool bis ans Herz, Gebrauch machen. Die neue Gleichgültigkeit wird durch den bequemen, sogar exzessiven Konsum dieser technisch-industriellen Wachstumshilfen, durch die Selbstüberbietung durch technische Aufrüstung nicht beschädigt, nicht geschmälert oder beeinträchtigt.

Die modernisierte Begeisterung ist nekrophil. Nekrophilie, die Liebe zum Leichenhaften, ist energisch darauf aus, «alles Lebendige in tote Materie zu verwandeln»[10]. Die ins technische Gerät gebannte Begeisterung, der Enthusiasmus, der stählern, betonhart und chromblitzend wurde, eingeschweißt in Glasfaser und unter Verschluß gehalten im Reagenzglas, entspricht durchaus der antrainierten Kälte und Ungerührtheit, die sich als erfolgverspre-

10 Fromm, Erich: Anatomie der menschlichen Destruktivität, Stuttgart 1974, S. 316.

chende Attitüde und als neue Form der Entsagung bei den Jüngeren durchzusetzen scheint.

Es gibt also kaum Anlaß, über die in Mode gekommene Langeweile Genugtuung zu empfinden. Sie ist gewiß nicht als Widerlager gegen den Fanatismus konzipiert. Es wäre ein verhängnisvoller Irrtum, sie mit Selbstbegrenzung – die bitter nottut – zu verwechseln. Sie ist auch nicht ein Exerzitium in der Kunst des Unterlassens. Sie hat mit asketischer Weltverachtung nichts gemein. Sie ist im Gegenteil sogar hochanfällig für kritiklose Technikversessenheit und hemmungslosen, weil völlig beliebigen Konsum.

Von ebenso unauflöslichen wie unergiebigen Widersprüchen, in denen die Schule verfangen ist, war eingangs die Rede. Der Vorwurf, daß die Schule den Lernenden den Enthusiasmus schuldig bleibt, weist seinerseits auf eine solche paradoxe Verfänglichkeit hin. Er verbindet sich regelmäßig mit der manchmal ermunternden, meistens aber harschen Aufforderung an die Lehrer, sich mehr ins Zeug zu legen, die Zeichen der Zeit besser zu erkennen, sich didaktisch und methodisch zu raffinieren, kurz: die allzu eingefahrenen Routinen und die allzu ausgelatschten Pfade zu verlassen.

Diese Kritik verkennt, daß sie etwas Unmögliches verlangt. Unmöglich nicht, weil es den Lehrern chronisch an Esprit, Tatendrang und Innovationsbereitschaft mangelt, sondern weil die Schule ein Subunternehmen im «Mitteluniversum» (G. Anders) ist, in das die Welt im Zuge der vollständigen Naturbeherrschung verwandelt wurde. Im Mitteluniversum ist nichts um seiner selbst und seiner Eigenart willen schätzenswert, respektabel und erfreulich, sondern nur um dessentwillen, wozu man es verwerten kann. Alles wird unter dem Gesichtspunkt der Zweckdienlichkeit, für Zwecke außerhalb seiner selbst, durchgemustert, die aber – schwindelerregend genug – wiederum nur Mittel für Zwecke außerhalb ihrer selbst darstellen.

Johannes Beck hat diesen Vorgang der Enteigenartung (oder Ver*mittel*ung) treffend als «Um-zuisierung» bezeichnet. In der Schule werden Meisterleistungen an Um-zuisierung vollbracht. Lernen und Lehren sind «um… zu» ebenso wie die Lernenden und die

Lehrenden selbst. Sie werden weniger als Personen, sondern vielmehr als gegenwärtige und künftige Funktionäre in Rechnung gestellt. Und auch das Gelernte oder das zu Lernende ist nur mehr zweckdienliches Mittel, zum Beispiel für die Tauglichkeit auf dem Arbeitsmarkt.

Begeisterung soll also knospen und erblühen in einem Umfeld, das zuvor mit aller Gründlichkeit entgeistigt und auf Zweckmäßigkeit hin organisiert wurde. Die Schüler sollen sich mit Verve und Enthusiasmus auf Gegenstände werfen, die als Gegenstände gar nicht existieren, sondern nur als Mittel. Man kann sich aber nicht für ein Mittel begeistern, außer in der fragwürdigen Form der schieren Funktionslust.

Unbildung, Halbbildung, Schulbildung

Kapitel IV

oder: *Die Schule saniert sich zu Tode*

Die Austreibung des Zweifels

Der Vorwurf, die Schule sei unfähig, Lernen zu einer begeisternden Angelegenheit zu machen, ist nicht gerade originell. Um seinetwillen riskiert niemand seine Wohlgelittenheit in der pädagogischen oder öffentlichen Diskussion. Im Gegenteil: man kann für diese Schulschelte von links bis rechts und von unten bis oben auf breite Zustimmung rechnen. Mit Ausnahme einiger bewundernswert unermüdlicher Lehrer vielleicht, sind sich alle, Schüler, Eltern, Behörden, die GEW, die Arbeitgeber und nicht zuletzt die Zunft, die für sich eine pädagogische Wissenschaft erfunden hat, um den Niederungen der pädagogischen Praxis entfliehen und von höherer Warte aus urteilen zu können – meinesgleichen also –, darin hoffnungslos einig: In der Schule findet Begeisterung nicht statt. Gemeinsam ist diesen nicht eben wagemutig exponierten Kritikern der Schule auch die Ratlosigkeit. Niemand weiß zündende Vorschläge in die Debatte zu lancieren, wie es besser zu machen sei, mit Ausnahme vielleicht wiederum einiger bewunderungswürdig unermüdlicher Lehrer, die inmitten der allgemeinen Niedergeschlagenheit ganz einfach probieren, es besser zu machen.

Jetzt jedoch meldet sich eine neue «Generation» von Pädagogen zu Wort, die die beißende Kritik am Herkömmlichen mit einer selbstbewußten Zuversicht fürs Mögliche verbindet. Von keinerlei Ratlosigkeit angekränkelt, empfiehlt sich eine Kaste von Enthusiasmus-Experten, die nicht nur den Lernerfolg garantieren und Begeisterung herzustellen versprechen, sondern auch alle übrigen Probleme, die heute den Schulplanern Kopfzerbrechen bereiten, mit einem Schlage zu lösen in Aussicht stellen. Es mag den gedankenschweren Schulkritiker, der solche Haurucklösungen leicht angeekelt von sich weist, kränken und irritieren, daß die großspurigen Neuzünftler in der Diagnose der Malaise bis in den Wortlaut hinein zu gleichen Ergebnissen kommen wie er selbst. Auch in der Neupädagogik wird die zeitliche Gleichschaltung aller Lernvorgänge, die Verbindlichkeit des für alle gleichen Inhalts, die Zusammenfassung der Gleichaltrigen und die Aussperrung der Alltagserfahrung für die Geistlosigkeit des Schulbetriebs verantwortlich gemacht:

«Lehrpläne, wie wir sie kennen, werden abgeschafft, sie erstikken Kreativität. Auch werden die Schüler nicht mehr nach Altersklassen getrennt, denn das verhindert, daß Kinder voneinander lernen. (...) In Zukunft wird Schule viel natürlicher sein und sich daran orientieren, wie Kleinkinder erzogen werden: Lernen, Leben und Lieben werden nicht mehr künstlich getrennt. (...) An den Schulen werden Kinder normalerweise gezwungen, das gleiche Wissen in der gleichen Zeit auf die gleiche Art zu lernen. Das Ergebnis ist katastrophal: Es kommen die Kinder besonders gut zurecht, die gelernt haben, Wissen einzupauken, auch wenn es sie nicht interessiert. Alle übrigen scheitern. Die sind vielleicht viel kreativer und intelligenter, können aber ihr Talent in der Schule nicht entfalten. (...)

Der Computer gibt den Kindern ungeheure Möglichkeiten, kreativ zu sein: Sie können mit ihm Musik machen, schreiben, zeichnen, kommunizieren oder einfach nur spielen. Er fasziniert und motiviert sie mehr, als viele Lehrer es vermögen. (...) Durch die Arbeit mit der Maschine lernen Kinder zwei ganz wichtige Dinge, um in unserer komplexen Welt besser zurechtzukommen: in Zusammenhängen zu denken und sich Wissen selbst anzueignen. Über Datennetze oder elektronische Enzyklopädien etwa können sie in Sekundenschnelle Antworten bekommen, die ihnen ihre Eltern und Lehrer gerade nicht geben können: welche Kleidung Griechen im alten Athen trugen oder wie Giraffen schlafen beispielsweise.»[1]

1 «Lernen, Leben und Lieben». Der amerikanische Bildungsforscher Seymour Papert über Schul-Computer, in: *Der Spiegel* 9/94, S. 113 f.

Der Computer, der hier als Antwort auf alle pädagogischen Fragen offeriert wird, kann noch mehr. Er ist ein großer Vereinfacher, der komplizierte Vorgänge wie beispielsweise das Komponieren einer Melodie so enorm erleichtert, daß jedes Kind sich zutrauen könne, den Komponisten zu spielen, und nicht entmutigt werde durch die Angst zu versagen. Weit davon entfernt, die Kinder abzuspeisen mit der in ihm gespeicherten Ersatzwelt, stimuliere er sogar die Neugier und erweitere den Lebenshorizont ganz enorm. Und schließlich sei er auch noch ein Garant der Chancengleichheit, weil er – anders als der noch so bemühte Lehrer – die unterschiedlichsten Talente der Schüler auf unterschiedlichste Weise im je angemessenen Tempo zu entfalten und zu fördern in der Lage sei. In so idealen Lernumständen ist die Begeisterung dann eine geradezu unvermeidliche Begleiterscheinung: «Durch richtigen Gebrauch der Technologie können wir Kinder (...) für selbständiges Lernen mehr als je zuvor faszinieren.»[2]

Angesichts dieser umfassenden Kompetenz der neuen pädagogischen Wunderwaffe, hat man als lehrendes «Subsystem des alten Systems» offenbar nur mehr die Möglichkeit, sich kleinlaut vor der unwiderlegbaren Überlegenheit des Computers zu verneigen und sich nach Betätigungsnischen umzutun, die der beschämend perfekte Rivale dem herkömmlichen Lehrpersonal nicht oder nicht gänzlich streitig macht. Vom Lehrer als Sozialarbeiter ist ja in Lehrerkreisen bereits zustimmend die Rede, sehr zum Verdruß der sozialarbeiterischen Zunft, deren Weidegründe die abgewirtschaftete pädagogische Profession abgrast. Pädagogen fordern bereits ganz ungeniert «eine grundlegende Reform der Lehrerausbildung, die mehr auf sozialpädagogisches Engagement und weniger auf fachliche Qualifizierung angelegt ist»[3]. Auch ein Rest moralischer Erziehung und praktizierter Mitmenschlichkeit bleibt einstweilen bei den «Humanpädagogen» ressortiert.

Soll man dem Computer also neidlos das Feld überlassen? Oder

2 Vgl. ebenda.

3 Ostlender, Ingrid: Das heimliche Schulgeld, in: *Süddeutsche Zeitung* vom 8. Juni 1995.

sollte man sich angesichts seiner Tadellosigkeit doch der Betrachtungsweise anschließen, die meisterlich von Berliner Hausbesetzern der späten siebziger Jahre, von einem selbsternannten «Komitee der umherschweifenden Eierdiebe», auf den Slogan gebracht wurde: «Wir kämpfen nicht gegen die Fehler des Systems, sondern gegen seine Vollkommenheit»?

Online-Pädagogik

Es ist erstaunlich, wie weit, von ihnen selbst offenbar nicht bemerkt, die Verfechter der Computerpädagogik dem Über-Ich-Gerät bereits auf den Leim gegangen sind: Wünschenswert erscheint ihnen nur noch, was der Computer kann. Johann Wolfgang von Goethe hatte eine höhere Meinung von den Wünschen. Sie seien «Vorgefühle der Fähigkeiten, die in *uns* (Hervorhebung M. G.) liegen, Vorboten desjenigen, was wir zu leisten imstande sein werden. Was wir können und möchten, stellt sich unserer Einbildungskraft außer uns und in der Zukunft dar; wir fühlen eine Sehnsucht nach dem, was wir schon im stillen besitzen. So verwandelt ein leidenschaftliches Vorausgreifen das wahrhaft Mögliche in ein erträumtes Wirkliches.»[4]

Die Lernbegierde, die die Selbsterprobung reizt, ist passé. Dem Computer gegenüber werden die Wünsche gelenkt vom Wissen um die Speicherdaten, die in *ihm* liegen, und die Neugier richtet sich auf das, was *er* verläßlich ausspucken kann. Seine Könnerschaft im Rahmen seiner Möglichkeiten ist freilich beeindrukkend.

Erstens: Er ist schnell und ungemein prompt. Er mutet dem Fragenden nicht die aufschiebende Antwort zu: «Ich weiß es nicht, aber ich werde mich erkundigen.» Eine Antwort, die dem, der sie gibt, das mutige Bekenntnis zur Nicht-Überlegenheit abverlangt und

4 Goethe, Johann Wolfgang v.: Aus meinem Leben. Dichtung und Wahrheit 2. Teil, 9. Buch, in: Goethes sämtliche Werke Bd. 20, Stuttgart o. J., S. 349 f.

dem Frager die Geduld, auf die Antwort zu warten, oder die Courage, sich selbst danach auf die Suche zu begeben. Daran könnte sich ja erst erweisen, ob die Frage dem Frager wichtig genug ist, daß ihre Antwort er-wartet werden kann, und ob sie der Mühe der Antwortsuche für wert befunden wird.

Die ausnahmslos prompte Bedienung ist ein Gütemaßstab der Dienstleistungsgesellschaft, ein Wert, der höchste Priorität genießt. Nach Möglichkeit soll die Befriedigung schon parat sein, bevor sich das zugehörige Bedürfnis überhaupt meldet. Das gilt nicht nur im Bereich des Fragens, Wissens und Erkennens, sondern ganz allgemein. Befriedigungsaufschub ist unzumutbar und überholt. Der Computer ist in dieser Hinsicht erste Güteklasse. Es wäre aber unredlich, nicht auch nach dem Preis für diese Perfektion zu fragen. Und der ist hoch. Die Promptheit der Bedienung beraubt die Menschen einer Reihe ihrer kostbarsten Fähigkeiten und Möglichkeiten, ganz einfach dadurch, daß sie sie außer Gebrauch kommen läßt: die Erwartung, die Sehnsucht, das Verlangen, das «Hangen und Bangen in schwebender Pein», die Geduld, aber auch die Ungeduld, die ja ihrerseits sich nährt von der Zeitspanne und der Ungewißheit, die zwischen Wunsch und Erfüllung liegen. Es ist zu befürchten, daß unter Auslassung dieser Befindlichkeiten das Lebensgefühl sich zwischen Langeweile, Gleichgültigkeit und rasendem Verschleiß einpendelt.

Der Computer lehrt – das ist die jede seiner Operationen begleitende Botschaft: Du hast einen Anspruch auf *Unverzüglichkeit.* Jede Verzögerung ist eine beschämende Panne.

Zweitens: Der Computer erscheint, wenigstens im Vergleich zum einzelnen Menschen, allwissend. Er läßt keine Fragen offen und nichts zu wünschen übrig. Den Zustand der Fraglosigkeit herzustellen ist nur noch eine Sache des richtigen Tastendrucks. Jedoch: «Von der Balance zwischen Wissen und Nichtwissen hängt es ab, wie weise einer wird. Das Nichtwissen darf am Wissen nicht verarmen. Für jede Antwort muß – in der Ferne und scheinbar gar nicht in Zusammenhang damit – eine Frage aufspringen, die früher geduckt schlief. Wer viel Antworten hat, muß noch mehr

Fragen haben. Der Weise bleibt ein Kind sein Leben lang, und die Antworten allein machen Boden und Atem dürr. Das Wissen ist Waffe nur für den Mächtigen, der Weise verachtet nichts so sehr wie Waffen.»[5]

Nun könnte der Computer-Befürworter mir entgegenhalten, genau dies, daß immer neue Fragen entstünden, sei ja die überragende Leistung des unerschöpflichen Antwortspeichers. Er führe gerade den Fragenden in eine Endlosschleife des Weiterfragens. Zugegeben. Nur macht es eben einen Unterschied, ob eine Frage aufspringt, die vorher in mir als geheimer, noch nicht akuter Zuwachs aus meinen Weltbegegnungen geduckt schlief, oder ob ich nur endlos weiterfrage, weil der Computer die Antworten verläßlich und berechenbar parat hat. Mit der Frage wird seine Kapazität getestet. Der Reiz besteht in dem Versuch, den großen Bruder bei einer Unzulänglichkeit zu erwischen. Oder aber darin, ihm eine von Tausenden unumstößlichen Richtigkeiten abzufordern. Nicht weil mich eine Frage umtreibt, sondern weil es beruhigend ist, sich über die prinzipielle Beantwortbarkeit von Fragen zu vergewissern, und weil Antworten reihenweise und kostenlos zur Verfügung stehen und es doch dumm wäre, sich nicht zu bedienen, wenn es umsonst ist, bombardiere ich die Antwortmaschine mit Fragen.

Und was wird schließlich aus jenen Fragen, die unbeantwortbar sind, die ihren Daseinszweck in der Frage erschöpfen, die durch eine Antwort nicht erledigt werden wollen, die, antwortlos, nicht nur die Hälfte der Sache sind, sondern das beunruhigende Ganze? Kurzum: was wird aus den wichtigsten Fragen, denen, die bohrend bleiben, weil sie offengelassen werden müssen?

Das «hidden curriculum» des Computers ist die Botschaft: Es gibt auf alle Fragen eine Antwort. Fragen sind nicht dazu da, daß sie gestellt werden, sondern dazu, daß sie beantwortet werden. Oder anders: Die Fragen, auf die der Computer keine Antwort hat, sind falsch gestellt.

5 Canetti, Elias: Die Provinz des Menschen. Aufzeichnungen 1942–1972, Frankfurt 1981, S. 10.

Drittens: Der Computer vermag, eine solide Benutzerkompetenz vorausgesetzt, Denkoperationen enorm zu vereinfachen. Und auch das ist wünschenswert. Die Behauptung, daß Einsichten «durch Nachdenken verursachte Schwierigkeiten» [6] seien, daß man durch sie also gerade nicht erleichtert wird, oder daß Urteile mit «tragischem Ernst» vertreten, sogar «erblutet» werden müssen, damit sie wenigstens subjektiv wahrhaftig genannt zu werden verdienen [7], wird zur Pfaffenmoral erklärt, der das Unangestrengte automatisch verdächtig ist, und die alles, was mit leichter Hand und leichtem Sinn gelingt, als oberflächlich, seicht und verderblich denunziert.

Fatal attraction: Das Ende der Langsamkeit

In einem hat Seymour Papert gewiß recht. Der Computer begeistert die jungen Leute. Er verheißt reinen Lernspaß, Begeisterung pur. Generationen von Schulabsolventen haben sich damit abgefunden, das Lernen als ein unvermeidliches Übel durchzusitzen, aus Laufbahngründen notwendig, gewiß, aber nichtsdestoweniger eine Tortur. Eine neue Generation zeigt vis à vis dem Computer bemerkenswerte Ausdauer und Sitzfleisch, nicht zur reinen Freude der zuständigen Erwachsenen, die auf den neuen Eifer ebenso besorgt reagieren wie auf die alte Unlust.

Der Verlauf eines Gespräches in einer Hamburger U-Bahn am Heiligabend 1994 ist sicher nicht untypisch. Die endgültig letzte Gelegenheit, den Gabentisch wunschgemäß auszustatten und entnervende Nörgeleien unter dem Tannenbaum zu vermeiden, ist offenbar entschlossen ergriffen worden. Die Nachlese war in einem kleineren Sortiment von Plastiktüten verstaut.

Ein etwas bekümmert dreinblickender Vater. «Bei ihm dreht sich alles nur noch um den Computer. Mit etwas anderem brauche ich

6 Klüger, Ruth: weiter leben. Eine Jugend, München 1994, S. 86.
7 Lessing, Theodor: Nietzsche, München 1985, S. 31.

ihm gar nicht zu kommen.» Er ist ersichtlich unzufrieden über die Niederlage der eigenen Vernunft gegen die eigene Nachgiebigkeit. Eine nicht weniger niedergeschlagene Mutter mit resigniertem Blick auf ihren Einkauf: «Man muß aufpassen, daß es nicht überhandnimmt. Wenn es nach ihm ginge, dann ginge er gar nicht mehr raus. Wir müssen ihm das Ding regelrecht mit Gewalt abschalten.»

Die Rede ist offenbar von halbwüchsigen Söhnen, die den Eltern mit ihrer Computerleidenschaft zur Besorgnis Anlaß geben. Da kommen nun die Sprößlinge im Gegensatz zu vielen Erwachsenen glänzend mit dem Supergerät dieses Jahrhunderts zurecht, stehen gewissermaßen mit ihm auf du und du, sind wißbegierig, unermüdlich, geradezu weltvergessen. Und das ist nun auch wieder nicht recht. Fürchten die erziehlichen Erwachsenen um ihre Autorität, weil sie ihren Vorsprung verloren haben, oder wollen sie aus ganz allgemein sauertöpfischer Gemütslage heraus den Jungen den Spaß verderben, weil es nun einmal nicht angehen kann, daß das Lernen zum Jux wird und auf der Seite des Vergnügens zu Buche schlägt? Schwer zu sagen.

Daß die Computer-Leidenschaft das Interesse der jungen Leute an Frischluftzufuhr (die so erfrischend ja auch nicht mehr ist), an körperlicher Bewegung und am Face-to-face-Umgang mit ihresgleichen enorm dämpft, ist als elterliche Sorge gewiß verständlich. Mir geht es jedoch in erster Linie um die Art von Begeisterung, die im Umgang mit dem Computer zwar besonders konturenscharf zutage tritt, die aber auch sonst allenthalben in die Lücken eingerückt ist, welche der Niedergang jenes waghalsigen und verzehrenden Enthusiasmus, von dem bisher die Rede war, hinterlassen hat. Noch einmal: Sloterdijk schreibt über denjenigen, der von der Begeisterung wie vom Blitz getroffen wurde: «Wer den Einladungen der Rede von den höheren Menschenmöglichkeiten folgt, gerät ins Zentrum des Menschenbildungsprozesses.»[8] Die Begeisterung, die der Computer auslöst, ist – das muß man befürchten – von der Art, daß sie keineswegs ins Zentrum des Menschenbildungsprozesses führt, sondern geradewegs und schnurstracks in eine betonharte Halbbil-

8 Sloterdijk, Peter: Weltfremdheit, Frankfurt 1993, S. 29.

dung, in der sich die so Begeisterten «unter Verzicht auf toil and trouble die geistige Existenz komfortabel» einrichten und «schlukken, was in (sie) (...) hineingestopft wird»[9].

Die Halbbildung ist nicht zu verwechseln mit Unbildung. Unbildung ist zur Bildung hin offen, Halbbildung nicht, denn sie ist «tendenziell unansprechbar: das erschwert so sehr ihre pädagogische Korrektur»[10]. Zu ihr gehört die Selbstbehauptung, die Besserwisserei, das Ressentiment, das Bescheidwissen, das dadurch zustande kommt, daß man es gerade nicht so genau wissen will. «Erfahrung, die Kontinuität des Bewußtseins, in der das Nichtgegenwärtige dauert, in der Übung und Assoziation im je Einzelnen Tradition stiften, wird ersetzt durch die punktuelle, unverbundene, auswechselbare und ephemere Informiertheit, der schon anzumerken ist, daß sie im nächsten Augenblick durch andere Informationen weggewischt wird. Anstelle des temps durée, des Zusammenhangs eines in sich relativ einstimmigen Lebens, das ins Urteil mündet, tritt ein urteilsloses ‹Das ist›, etwa so, wie im Schnellzug jene Fahrgäste reden, die bei jedem vorbeiflitzenden Ort die Kugellager- oder Zementfabrik oder die neue Kaserne nennen, bereit, jede ungefragte Frage konsequenzlos zu beantworten. Halbbildung ist eine Schwäche zur Zeit, zur Erinnerung, durch welche allein jene Synthesis des Erfahrenen im Bewußtsein geriet, welche einmal Bildung meinte. Nicht umsonst rühmt sich der Halbgebildete seines schlechten Gedächtnisses...»[11] Das Metier der Halbbildung ist das «isolierende, aufspießende, einspruchslose ‹Das ist›»[12]. In diesem aufspießenden «Das ist» ist der Computer unschlagbar.

Es sind im wesentlichen drei Vorzüge, die dem Computer nachgesagt werden und an denen sich die Begeisterung der Bewunderer entzündet. Es ist ein Enthusiasmus *fürs Schnelle, fürs Sichere und fürs Bequeme.* Beschleunigung, von der die Aufstockung des

9 Adorno, Theodor W.: Theorie der Halbbildung, in: ders.: Soziologische Schriften I, Frankfurt 1979, S. 106.
10 Ebenda, S. 119.
11 Ebenda, S. 115 f.
12 Ebenda, S. 116.

Lebensertrages erwartet wird, Berechenbarkeit, die als Inbegriff der Sicherheit gilt[13], und Unangestrengtheit, die für Genuß gehalten wird, sind aber ganz allgemein die Geheimmaximen unseres Jahrhunderts. Sie machen die Dreifaltigkeit der modernen Begierden aus. Die Leistungsfähigkeit des Hypergerätes und die Bestrebungen der Zeitgenossen sind bis zur Kongruenz aufeinander abgestimmt.

Das wirft die Frage auf, ob wirklich der Mensch sich das Gerät geschaffen hat, das ihn ans Ziel seiner Wünsche bringen soll, oder ob nicht, von ihm ganz unbemerkt, das Gerät sich den Menschen herausmodelliert hat, den es braucht zu seinem reibungslosen Funktionieren. «Die Bedrohung des Menschen kommt nicht erst von den möglicherweise tödlich wirkenden Maschinen und Apparaturen der Technik. Die eigentliche Bedrohung hat den Menschen bereits in seinem Wesen angegangen.»[14] Wenn das Gerät ein «Abdruck von Handlungen» (Georg Lukács) ist, dann sind in ihm die Absichten und Umstände seiner Hervorbringung geronnen, wirken als unwiderstehliche Gebrauchsanweisungen aus ihm auf den Benutzer zurück und zwingen ihm einen alternativlosen Umgang auf, der dem Menschen über kurz oder lang zur zweiten Natur und zum Bedürfnis wird. Da dann offenbar das Gerät die Bedürfnisse der Benutzer äußerst zuvorkommend berücksichtigt, besteht kein Anlaß mehr, es beherrschen zu wollen. Man kann sich seiner Lenkung getrost überlassen. Es macht sich kaum noch Besorgnis, sondern eher Erleichterung darüber breit, daß der Apparat sich mehr und mehr selbst bedient und hervorragend ohne das Zutun seines Erzeugers zurechtkommt.

Nachdem er seine Selbstverleugnung so weit getrieben hat, daß ihn schätzens- und erstrebenswert nur noch dünkt, was das Gerät kann, steht der Mensch als kläglicher Stümper da, dem seine Artefakte Hochachtung und Bewunderung abnötigen. Der sogenannte «Faktor Mensch» ist in diesem Zusammenspiel, ohne daß daran

13 Vgl. hierzu Gronemeyer, Marianne: Die Macht der Bedürfnisse, Reinbek 1988, S. 48 ff, und dies.: Das Leben als letzte Gelegenheit, Darmstadt 1993.

14 Heidegger, Martin, zit. bei Rüdiger Safranski: Ein Meister aus Deutschland, München 1994, S. 459.

noch Anstoß genommen würde, zum Synonym für «Versager» geworden. Das technische Gerät treibt ihm die «prometheische Scham»-Röte ins Gesicht. «Prometheische Scham» nennt Günther Anders das Gefühl, das homo faber angesichts «der beschämend hohen Qualität der selbstgemachten Dinge» überkommt.[15] Als anhaltender Zustand ist Scham jedoch unerträglich. Begeisterung hilft darüber hinweg. Bedingungslose Identifikation mit der Höchstleistung des technischen Inventars, die restlose Einwilligung in den Handlangerstatus, ja geradezu eine die eigenen Konturen negierende Verschmelzung mit dem Gerät erspart die Scham. Der Enthusiasmus bewahrt homo faber vor der Demütigung durch die Fabrikate. Es könnte sogar sein, daß die jugendlichen Computer-Verehrer (und die ältlichen nicht minder) der Faszination so erlegen sind und daß ihre Verschmelzung mit dem Gegenstand der Bewunderung so innig ist, daß die prometheische Scham dagegen gar nicht mehr aufkommt und ihrerseits längst zu den antiquierten Seelenregungen gehört. Wohlgemerkt: es sind das übermenschliche Tempo, die lückenlose Informiertheit und die Simplizität und Anstrengungslosigkeit der Anwendung, die den Zauber ausmachen.

Die Computer-Pädagogen, die vorgeben, sie wollten das gleiche, was Pädagogik immer schon gewollt habe, nur eben mit anderen, sprich: effektiveren Mitteln, machen sich der gleichen Verharmlosung schuldig wie die Gentechnologen, die auch von sich sagen, sie täten nichts anderes, als was die Natur immer schon wollte, wenn ihr in der Evolutionsgeschichte eine Mutation gelang, nämlich der Emporentwicklung der Arten einen Dienst erweisen. Nur würden sie eben die langen Wartezeiten verringern und die Sache von Zufall und Überraschung befreien.

Das ist aber gerade der crucial point: Wenn Bildung von allen Wartezeiten und Verlangsamungen, von der Überraschung und von der Mühsal befreit ist, dann ist das, was übrigbleibt, mit einiger Sicherheit keine Bildung mehr. Der Computer richtet Enormes aus. Aber alles, was die Bildung ausmacht, widerspricht seiner Beschaffenheit und seiner «Könnerschaft». Man kann Bildung gera-

15 Anders, Günther: Die Antiquiertheit des Menschen, München 1980, S. 23.

dezu als die Synthese aus Langsamkeit, Überraschung und Mühe beschreiben, aus jenen Daseinsformen also, die er im Triumph besiegt hat.

Hauptsache geschmeidig: Bildung light

Es gibt ohne Zweifel «menschliche Tätigkeiten» – und das Lernen gehört gewiß dazu –, «bei denen es nicht um Erledigung und Bewältigung geht, sondern um Anwesenheit und Vergegenwärtigung. Nicht darum also, etwas möglichst schnell hinter sich zu bringen – sondern es vor sich zu bringen, vor ihm zu bleiben, ohne auf die Uhr zu schauen, und nach Hilfen zu suchen, wie man damit fertig werden könnte. Ich meine das nicht nur beschaulich. Es gilt nicht nur für das Betrachten einer Blume. Ich denke auch an Trauer, Leere, Ratlosigkeit. Auch vor den politisch-gesellschaftlichen Ungemütlichkeiten (...) nehmen wir Kinder der Beschleunigung schnell unsere Zuflucht zu ‹Plattformen›, die – als Formeln – Übersicht und Einordnung verheißen. Schnelle Antworten, clevere Erledigungen sind uns lieber als langwierige Suchbewegungen. (...) haben wir nicht schon viel zu schnell hingenommen, daß unsere Bildungseinrichtungen Züge von Schnell-Lehrstätten bekommen? (...) Klare Aufgabenstellung, kein Wort zu viel, Schritt für Schritt zum Lehrziel, Umwege und Mißverständnisse tunlichst ausgeschlossen.»

Was hier über traditionelle Lehrmittel gesagt wird, gilt ja in vielfacher Steigerung für das Superlehrmittel, das eben kaum noch als Mittel, sondern durchweg schon als Akteur auftritt. Aber wer der Bildungsmisere mit erhöhter Lerngeschwindigkeit zu Leibe rücken wollte, der täte nichts anderes, «als die Krankheit mit jenem Bazillus austreiben zu wollen, der sie verursacht hat»[16]. Bildung und Beschleunigung vertragen sich nicht.

16 Rumpf, Horst: Die Luft zwischen den Gedanken. Vom Segen der Langsamkeit, in: *Die Zeit* vom 3. Oktober 1986.

Ebensowenig wie die Bildung auf Trab gebracht werden kann, ohne sich dabei in Luft aufzulösen, kann sie überraschungsfrei durchorganisiert werden, ohne den Organisatoren unter den Händen zu zerrinnen. Bildung und Überraschung bedingen sich gegenseitig: Einerseits macht «wahre Bildung (...) uns für Überraschungen bereit» [17], sie befreit uns davon, uns auf dem abgesteckten Terrain des Vorweggewußten, Schon-Erfahrenen und zielgenau Gewollten und nach den strengen Regeln eines programmatischen Vorgehens bewegen zu müssen. Sie ermutigt dieses zielungewisse, aber nicht beliebige Umherschweifen, bei dem man auf nichts Bestimmtes, aber auf alles Mögliche gefaßt ist. Die Sorte Freiheit, die sie gibt, besteht gerade darin, daß man sich nicht an das, wessen man gewiß ist, sklavisch halten muß. «Unsere Hoffnung auf Erlösung liegt darin, daß wir (...) überrascht werden. Mögen wir lernen, immer neue Überraschungen zu erleben.» [18]

Andererseits hat Bildung die Überraschung zur Voraussetzung. Nur das Frappierende, das Stupende, demgegenüber alles Gewußte und Bekannte seine Erklärungskraft einbüßt, nur was mich stutzig macht und verblüfft, was aus der grauen Landschaft der Selbstverständlichkeit und Gewöhnung bizarr herausragt und jedes routinierte «Wie gehabt» ins Leere laufen läßt, fordert Bildung heraus. Ohne das Erstaunen stagniert das Lernen.

Die Dinge sind jedoch noch verwickelter. Erstaunlichkeit ist nur in den seltensten Fällen so grell, daß sie unübersehbar und bestürzend, gleichsam zudringlich ist. Viel häufiger werden die Dinge oder Ereignisse erst dadurch erstaunlich, daß wir sie staunenswert finden; oft sogar – nach jahrelanger Gewöhnung – plötzlich den Deutungen und Erklärungen, die uns zufriedenstellten, mißtrauen, die fertigen Sätze, deren Gültigkeit wir bis dahin nicht bezweifelten, beargwöhnen, kurzum: uns ein Staunen erlauben, wo wir bislang nur mit Bekanntem Umgang pflegten. Das meint wohl Illichs frommer Wunsch, wir möchten *lernen*, immer neue Überraschungen zu

17 Illich, Ivan: Die Schule als heilige Kuh, in: ders.: Schulen helfen nicht, Reinbek 1972, S. 21.
18 Ebenda, S. 21.

erleben. Wenn also die Überraschung das tägliche Brot der Bildung ist, dann ist die Berechenbarkeit ihr Hungersüppchen.

Und nun zur Mühsal, die sich der Bildungshungrige angeblich ersparen kann im Bildungsschlaraffenland, wo ihm die gebratenen Tauben der gebündelten Information und des korrekten Wissens in den Mund fliegen. Was Erich Fromm für die Ausübung jedweder Kunst, sei sie nun die Tischlerkunst, die Medizin, die Kunst der Liebe oder der Musik, Malerei, des Kochens als Voraussetzung nennt, das gilt auch für die Bildung, die mit der Kunst das Streben nach Könnerschaft gemein hat: «Vor allem erfordert die Ausübung einer Kunst *Disziplin*: Ich werde es nie zu etwas bringen, wenn ich nicht diszipliniert vorgehe. Tue ich nur dann etwas, wenn ich gerade ‹in Stimmung› bin, so kann das für mich ein nettes oder unterhaltsames Hobby sein, doch niemals werde ich in dieser Kunst ein Meister werden. (...) Daß *Konzentration* eine unumgängliche Vorbedingung für die Meisterschaft in einer Kunst ist, bedarf kaum eines Beweises.» Aber unsere Kultur führt «zu einer unkonzentrierten, zerstreuten Lebensweise, für die es kaum eine Parallele gibt. (...) Wir sind die Konsumenten mit dem stets geöffneten Mund, begierig und bereit, alles zu verschlingen – Bilder, Schnaps und Wissen. (...) Eine dritte Voraussetzung ist die *Geduld*. (...) Wenn man auf rasche Erfolge aus ist, lernt man eine Kunst nie. (...) (aber:) Alle unsere Maschinen sind auf Geschwindigkeit hin konstruiert. (Dabei denkt Fromm noch nicht einmal an den Computer.) (...) Schließlich gehört auch noch zu den Vorbedingungen für die Erlernung einer Kunst», daß sie einem «*von großer Wichtigkeit* ist»[19]. Fromm spricht in diesem Zusammenhang vom «ultimate concern», was man auch mit «letzter Ernst» übersetzen könnte. Das Stillsitzen vor dem Computer ist noch keine Disziplin. Das Starren auf den Bildschirm keine Konzentration, das Ausharren vor dem Gerät keine Geduld und die an den Apparat adressierte Wißbegierde kein letzter Ernst, sondern nur jeweils ein Zitat der Haltung, von der Erich Fromm spricht, ihr Double als Light-Variante.

19 Fromm, Erich: Die Kunst des Liebens, Frankfurt/Berlin 1986, S. 120ff.

«Es ist herrlich zu denken, daß man von Geheimnissen durchtränkt ist. Am Lernen ist das Schönste, daß es die Geheimnisse vervielfältigt.»[20] Was von den Pädagogen, die dem Computer die Bildung anvertrauen wollen, propagiert wird, ist gewiß nicht die Vervielfältigung von Geheimnissen, sondern die Herstellung von planer, blanker Tatsächlichkeit und terminaler Bekanntheit; sie plädieren ganz bestimmt nicht für die liebevolle Pflege des Rätselhaften, sondern für die forsche Inangriffnahme der endgültigen Enträtselung der Welt. Und die jugendlichen Computer-Liebhaber sind darin allem Anschein nach mit ihnen einig.

Im Zweifel für die Gewißheit

Vielleicht ist die *Gewißheitssucht*, der hier nun auch von pädagogischer Seite zur Respektabilität verholfen wird, das Beunruhigendste an den Verlockungen, mit denen die Schule in ihrer Agonie geködert werden soll. Denn damit wird das Schicksal des *Zweifels* besiegelt, nicht des Zweifels in dieser oder jener Spezialangelegenheit, sondern des Zweifels als Grundhaltung gegenüber der Welt und vor allem gegenüber den menschlichen Errungenschaften.

Zweifel ist Erich Fromm zufolge das Kernstück des radikalen Humanismus: «*de omnibus dubitandum*. Alles muß in Zweifel gezogen werden, zumal die ideologischen Vorstellungen, die sich praktisch jedermann angeeignet hat und die daher die Rolle von unbezweifelbaren Axiomen des gesunden Menschenverstandes übernommen haben. ‹Zweifeln› in diesem Sinne bedeutet nicht den psychologischen Zustand, in dem man zu Entscheidungen oder Überzeugungen außerstande ist – wie es bei krankhafter Zweifelsucht der Fall ist. Gemeint ist die Bereitschaft und Fähigkeit, alle Postulate und Institutionen kritisch in Frage zu stellen, die unter

20 Canetti, Elias: Nachträge aus Hampstead. Aus den Aufzeichnungen 1954–1971, München 1994, S. 51.

dem Namen gesunder Menschenverstand, Logik und als das sogenannte ‹Natürliche› zu Götzen geworden sind. (...) Zweifel ist ein Akt des Aufdeckens und Entdeckens; es ist das Dämmern des Bewußtseins, daß der Kaiser nackt ist...»[21]

Man hätte der Liste der vergötzten Instanzen, die den Zweifel unterminieren, sicher die real existierende Wissenschaft hinzuzufügen und das modernste Gerät, das ihr entsprungen ist und dem sie seither einen immer größer werdenden Anteil ihrer Erkenntnis verdankt: den Computer. Denn: «Es ist zweifelhaft, ob die Wissenschaft (...) noch als wissender Warner auftreten kann, wenn sie selber schon diesem Mittel (...) verfallen ist.»[22]

Unter dem Regime des Computers hat der Zweifel keine Chance. Nicht weil mit Hilfe der unerschöpflich verfügbaren Datenmengen Gewißheiten hergestellt würden, an denen nicht mehr zu rütteln ist. Sondern weil das «positivierende Forschen» (P. Sloterdijk) auf die Vertiefung des Zweifels nicht aus ist, sondern einzig auf die Etablierung von Gewißheit. Der Zweifel wird nicht durch unumstößliche Erkenntnisse abgeschafft, sondern durch das Desinteresse an der «Idee der Wahrheit» (M. Horkheimer).

Zu reden ist also nicht nur vom rüden bis zynischen Umgang mit den Zweifeln, den sich die in Milliardengeschäfte verwickelten Wissenschaftsbranchen angewöhnt haben, um sich den Einspruch einer wachsamen und besorgten Öffentlichkeit vom Halse zu halten. Es ist ja kein Geheimnis mehr, daß ganze Forschungszweige, die teilweise mehr Geld verschlingen als die Forschungen, denen sie den Weg bahnen sollen, darauf angesetzt werden, berechtigte Zweifel und Besorgnisse mit sanfter Gewalt niederzukämpfen. Mit den zu Formeln geronnenen Beschwichtigungen, die die sogenannte Akzeptanzforschung ausbrütet, lügen sich die Auftraggeber teils selbst in die Tasche und teils der Öffentlichkeit – wider besseres Wissen – ins Angesicht.

21 Fromm, Erich: Einleitung, zu: Ivan Illich, Schulen helfen nicht, Reinbek 1972, S. 7 f.

22 Hentig, Hartmut von: Abschied von der Wissenschaft oder: ein Professor geht, in: *Frankfurter Rundschau* vom 3./4. Juni 1988.

Damit werden aber die Zweifel nicht wirklich ausgeräumt, sondern nur mundtot und – jedenfalls zeitweilig – politisch unwirksam gemacht. Nicht daß diese werbepsychologischen Attacken auf den Zweifel harmlos wären, sie sind durchaus in der Lage, ihn nicht nur in seiner politischen Wirksamkeit zu beschneiden, sondern in the long run gänzlich einzuschläfern. Diese Liquidierung des Zweifels hat aber zunächst mit dem Computer nichts zu tun, sondern mit der verwahrlosten politischen Kultur. Sie kann nicht gut als Argument gegen die computertechnische Aufrüstung der Schule herhalten. Im Gegenteil, man könnte sich vorstellen, daß die «computer-kids» lustvoll die Fakten aufspüren, die ihnen betrügerischerweise vorenthalten werden, und die plumpen Verdummungspraktiken, die man an ihnen vollstrecken will, entlarven. Ganze Hacker-Generationen haben darin Beachtliches geleistet. Der Computer also als Parteigänger des Zweifels und fundierter Kritik, als das Inventar, das die ungehinderte Zugänglichkeit zu den Wissensbeständen für jedermann garantiert? Das wäre doch ein der Schule würdiger Beitrag zur Herstellung einer «kritischen, politisch fungierenden Öffentlichkeit» (J. Habermas) im technischen Zeitalter.

Anders verhält es sich schon mit dem methodischen Zweifel, von dem René Descartes besessen war. Er verlangte dem forschenden Geist ab, sich ohne jeden Rückhalt von aller Gewißheit zu trennen, den Zweifel vor keiner noch so sicher gegründeten Erkenntnis halt machen zu lassen. Nicht jedoch, um dem Zweifel das letzte Wort zu geben, sondern um durch dieses unerbittliche Vorgehen gegen alles Blendwerk zu guter Letzt zum Kern des Unbezweifelbaren vorzustoßen, zur im Zweifel gehärteten Gewißheit.

In diesem Procedere ist der Zweifel zum *Mittel* geworden, zum Mittel, das sich selbst verschlingt. Er dient dem einzigen Zweck seiner Selbstbeseitigung, ist in sich selbst bedeutungslos. Selbstverständlich vertritt in diesem Arrangement der Computer die Sache der Gewißheit. Er ist *die* Waffe schlechthin, die gegen den Zweifel ins Feld geführt werden kann. Doch was ist dagegen zu sagen, wenn man Vermutungen gegen gesicherte Kenntnisse eintauscht und Spekulationen gegen exaktes Wissen? Allenfalls dies: es ist «schlimm genug, ohne Gewißheit zu entscheiden, aber unter der *Illusion* von Gewißheit zu entscheiden, ist katastrophal» (K. Boulding)[23].

Wie nun, wenn der Umgang mit dem Computer die von ihm Bedienten zu dieser Illusion verführt? Und ohne Frage hat er das Zeug dazu. Die Illusion der Gewißheit ist nahezu hermetisch. Denn sie verdankt ihr Zustandekommen der Ausmerzung des Zweifels, der das einzige Mittel wäre, sie auf den Boden der Realität der Ungewißheit zurückzuholen. Doppelt bedenklich, weil der Computer nicht nur die wohltuende Illusion der Gewißheit erzeugt, sondern die Menschen zu gewißheitsbedürftigen Mängelwesen macht, die vor allem Ungewissen, das nun einmal der Normalzustand der Existenz ist, panisch flüchten.

Das alles, nebst den katastrophalen Folgen davon, nimmt die Schule billigend in Kauf, wenn sie sich verführen läßt, von der dem technischen Supergerät zufliegenden Begeisterung zu profitieren. Dann hat sie eine Menge von den hehren Absichten, auf die sie sich berief, über Bord geworfen und sich von soviel Ballast befreit, daß sie unbeschwert herumvagabundieren könnte und sich verdingen, wie es sich gerade fügt, sich liieren, mit wem sie will. Sie wäre dann beliebigen gesellschaftlichen Interessen gefügig und verfügbar. Die Schule als Hure des Fortschritts? Fraglich nur, warum sie dann noch darauf bestehen sollte, Schule zu sein.

Die Antiquiertheit des Lernens

Bisher war vom Zweifel nur als einer nüchternen Prüfinstanz die Rede, vor der sich die Behauptungen über *alles, was der Fall ist*, bewähren müssen. Oder, wenn wir ihn uns aktiver denken, dann wäre er die Potenz, die die Hypothesen, Vorstellungen und Erkenntnisse über die Welt mit guten Gründen in Frage oder richtigzustel-

23 Lovins, Amory B.: Sanfte Energie, Reinbek 1978, S. 47.

len vermöchte. Der «*emphatische* Zweifel» (M. Horkheimer) aber wird nicht genährt durch das, was der Fall ist, sondern durch das, was *nicht* der Fall ist. Er entspringt «der Sehnsucht nach dem Absoluten, nach dem Andern» und erlischt, wenn die «Idee der Wahrheit» dem «positivistischen Begriff der Richtigkeit»[24] geopfert wird. Der emphatische Zweifel tendiert nicht dazu, sich selbst aufzulösen, indem er zur Gewißheit drängt. Er stellt sich auf Dauer. Er *will* sich nicht in sein positivistisches Gegenteil verkehren. Er kennzeichnet das Denken, das «nicht einzig um exakte Kenntnis, sondern darüber hinaus um Wahrheit bemüht ist, Wahrheit in dem Sinn, die Kenntnisse so auszudrücken, daß ihre Formulierung zum rechten Urteil über das schlechte Bestehende führt»[25]. Es ist von dem Zweifel die Rede, der es überhaupt erst erlaubt, vom Bestehenden als «schlechtem Bestehenden» zu reden.

Adorno und Horkheimer sind auf der Hut. Sie sprechen von dem, was «nicht von dieser Welt ist», immer nur unbestimmt: vom «Andern» ist die Rede, vom «Absoluten», gelegentlich vom «Guten» oder von der «Möglichkeit des Besseren»[26]. Denn sie waren der Überzeugung, daß sich das Andere «nicht begreifen läßt, indem man dieses ‹Andere› beschreibt, sondern indem man die Welt, so wie sie ist, im Hinblick darauf, daß sie nicht das einzige ist, darstellt, nicht das einzige wohin unsere Gedanken zielen»[27]. Von dem, was über das Bestehende hinausweist und mit dem «aufspießenden ‹Das ist›» nicht kenntlich gemacht werden kann, kann nicht konkret, konturgebend und bestimmt gesprochen werden, ohne es zur Zerrgestalt, zum ermächtigten Dogma zu machen, in dessen Namen alleinseligmachende Diktate verhängt werden können.

Der Sehnsucht nach dem nicht benennbaren «Anderen» ist der

24 Horkheimer, Max: Über den Zweifel, in: ders.: Gesammelte Schriften Band 7, Frankfurt a. M. 1985, S. 217f.

25 Horkheimer, Max: Theodor W. Adorno zum Gedächtnis, in: ders.: Gesammelte Schriften Band 7, Frankfurt a. M. 1985, S. 289.

26 Adorno, Theodor W.: Minima Moralia, Frankfurt a. M. 1985, S. 21.

27 Horkheimer, Max: «Himmel, Ewigkeit und Schönheit», Interview zum Tode Theodor W. Adornos, in: ders.: Gesammelte Schriften Bd. 7, Frankfurt a. M. 1985, S. 294.

Zweifel gemäß, oder, was dasselbe ist, der Glaube, nicht aber Wissen oder Gewißheit. Dieser Zweifel kann ganz offensichtlich nicht zum Ziel kommen, an seiner Beseitigung darf man nicht interessiert sein. Es ist der Zweifel, der bleibt; und bleiben muß um der Menschlichkeit willen. Nur im Lichte des ganz «Andern», von dem der emphatische Zweifel unbestimmt, aber nicht vage spricht, erschöpft sich die Weltbetrachtung nicht in der Klassifizierung in «richtig» und «falsch» nach Maßgabe des größten erreichbaren Nutzens. Nur in diesem Licht können, nein, müssen Unterscheidungen zwischen Gut und Böse getroffen werden. Und zwar wiederum nicht mit der Geste des «aufspießenden, einspruchslosen ‹Das ist›», sondern verzweifelt zweifelnd. Wie viele wähnten «bei ihren schlimmen Taten (...) ihrer Sache völlig gewiß zu sein. Bewußter Zweifel hätte sie zu Menschen machen können.»[28]

Zurück zur Empfehlung an die Schule, Nutzen zu ziehen aus der Begeisterung, die der Computer in den Jugendlichen, sogar schon in Kindern, entfacht. Es ist eine Begeisterung, die den emphatischen Zweifel, von dem Horkheimer spricht, eliminiert. Im Computer ist das «schlechte Bestehende» nur als ungelöstes, lösungsbedürftiges und lösbares Problem vorhanden, nicht als das «radikal Böse, dem in die Parade gefahren werden muß» (Th. W. Adorno). Mit dem Bösen bekommt die Begeisterung, der die modernistischen Pädagogen das Wort reden, keine Berührung. Für die Fragen, die der Computer zuläßt, ist es unauffindbar. Wenn vom Computer gedacht und gesprochen wird als von einem Instrument, das dem Menschen bestimmte Operationen abnimmt, ihm die Arbeit erleichtert und besonders gut rechnen kann, das aber ansonsten ein Werkzeug wie jedes andere ist, dann hat man ihn verleugnet. Er ist das sich «dazwischen-stellende Medium» (H. v. Hentig), das das Weltverhältnis der Menschen definiert und in ihnen den Zweifel erstickt, der sie hätte zu Menschen machen können. Zwei Fähigkeiten des Menschen gehen nämlich obendrein mit dem Niedergang des Zweifels zugrunde: die Fähigkeit, sich schuldig zu wissen, und

28 Horkheimer, Max: Über den Zweifel, a. a. O., S. 218.

die Fähigkeit, sich zu schämen; zwei Fähigkeiten, deren Verlust uns von der Last der Erinnerung befreit. Das mag einer erinnerungsfeindlichen Epoche willkommen sein.

Bleibt die Frage, ob überhaupt die Begeisterung zur pädagogischen Leitidee taugt und ob man ihre Abwesenheit wirklich beklagen sollte. Ist nicht bei genauerem Hinsehen auch die heroische Begeisterung, die Menschen dazu treibt, über sich selbst hinauszuwachsen und zu den Grenzen des Menschenmöglichen vorzustoßen, die Begeisterung, von der Sloterdijk sagte, daß der letzte Ernst ihr Element sei, unheilvoll oder heillos? Sind dies nicht auch die Merkmale des Enthusiasmus, mit dem die Männer seit Jahrhunderten auf die Schlachtfelder gezogen sind?

Der Begeisterung pur, der der Zweifel nicht auf Schritt und Tritt folgt, ist nicht zu trauen. Wenn die heroische Begeisterung von allen guten Zweifeln verlassen ist, dann ist nichts mehr, was den *Fanatismus* aufhalten könnte. Wenn es der positivistischen, rein immanenten Begeisterung gelungen ist, den Zweifel, die Sehnsucht nach dem «Andern» auszumerzen, dann ist nichts mehr, was den nackten *Utilitarismus* aufhalten könnte. Denn der Gewinn ist das einzige, was dem, der seiner Sache gewiß ist, doppelt recht gibt.

Ich habe den Computer als malmenden Zweifelzerstäuber und Fragenzerkleinerer, als Zeitkiller und großen Vereinfacher zum Bildungsfeind ernannt. Mit äußerster Besorgnis aber erfüllt mich seine Tendenz, immer kleiner zu werden. Das zierliche Notebook ist ja seiner bequemen Tragbarkeit wegen als Arbeitsmittel hochwillkommen. Was ist daran beunruhigend? Ich komme noch einmal auf die Feststellung zurück, daß die Art und Weise, wie das Bildungsgeschehen von der Schule aufgefaßt und inszeniert wird, die Schüler zu Zwischenlagern für bewandtnislose Bildungsfragmente macht.[29] Immerhin müssen sich aber die armen Teufel bislang das ihnen angerichtete Bildungsgut noch einverleiben. Der Computer stellt in Aussicht, daß ihnen das erspart werden kann. Es genügt, wenn sie den Speicher, den sie heute schon ohne großen Aufwand mit sich herumtragen können, verfügbar haben.

29 Vgl. Kap. III, S. 85.

Was noch vor wenigen Jahren eine progressive pädagogische Attitüde war, die Denunziation des sturen Auswendiglernens, die generöse Haltung des «Das mußt du nicht wissen, Hauptsache du weißt, wo es steht und wo du es nachschlagen kannst», wird heute, angesichts der Tatsache, daß das ultimative Nachschlagewerk jedem jederzeit zur Hand ist und daß Bedeutung sowieso nur das hat, was man abrufen kann, tendenziell reaktionär. Das verfügbare Wissen ist im Datenspeicher allemal sicherer und unverfälschter aufbewahrt als im individuellen Gedächtnis. Die Aneignung von Wissen und Kenntnis kann ungestraft unterbleiben, wenn nur die Abrufbarkeit garantiert ist: Leergebrannt ist die Stätte, die einmal der Bildung vorbehalten war. «Denn Bildung ist nichts anderes als Kultur nach der Seite ihrer subjektiven Zueignung.»[30] Nun aber scheint sich endgültig nicht nur im metaphorischen, sondern im materialen Sinn die Möglichkeit aufzutun, daß sie den Individuen äußerlich bleiben kann.

Mir kommt dabei ein Foto in den Sinn. Gezeigt wird im Gegenlicht vor dem Hintergrund lichtflirrenden Wassers eine Familie, die im Gänsemarsch über einen Bootssteg geht. Vornweg die Mutter, an der Hand ein Kind, das in eine Art Astronautenanzug gekleidet ist, den Kopf in einem gläsernen Helm geborgen. Den Abschluß der kleinen Prozession bildet der Vater. Er schiebt, ersichtlich mit einiger Anspannung, eine komplizierte technische Versorgungseinheit auf Rädern vor sich her. Von ihr gehen zwei dicke Versorgungsschläuche aus, die am Rücken des Kindes mit seinem Raumanzug verschweißt sind. Die Bildunterschrift klärt mich auf, um was es sich dabei handelt. «*Angeborenes Versagen des Immunsystems.* Der Junge aus Houston (USA) lebte permanent in einem hochsterilen Raum. Für Spaziergänge brauchte er einen Raumanzug, und die lebenswichtigen Versorgungsgeräte wurden auf einem Wagen mitgeführt. Er starb 1984, dreizehn Jahre alt.»[31]

So wie diesem Kind, das zum Immunsystem degradiert wurde, seine Lebenskräfte äußerlich geworden sind, so könnte künftigen

30 Adorno, Theodor W.: Theorie der Halbbildung, a. a. O., S. 94.
31 Condrau, Gion: Der Mensch und sein Tod, Zürich 1991, S. 57 ff.

Schülern, die zu Informationssystemen degeneriert sind, ihre «Bildung» äußerlich werden. Es springt ins Auge, was in der abgebildeten Szene der Skandal ist: Das «lebenswichtige Versorgungsgerät» ist ein Ungetüm. Es macht den Menschen zu seinem Anhängsel und beides zusammen zu einem Monstrum. Das schreit nach Verkleinerung. Im Fall des Kindes wohl nach einer Molekularmaschinerie, die ihm implantiert werden könnte. Daran arbeitet die Gentechnologie.

Und der Computer? Wird er eines Tages so klein sein, daß er den Besitzern nicht mehr äußerlich bleiben muß, sondern ihnen als Ersatz für die Bildung unter die Haut gehen kann? Damit wäre auch noch die peinliche Erinnerung getilgt, daß der Mensch sich zum Anhängsel seiner Geräte «emporentwickelt» hat. Er sähe aus, als wäre er Herr der Lage, mit der Steuerungseinheit im Kopf.

Die Schule leistet jedenfalls mit ihrem Interesse an demonstrierbaren Lernergebnissen, die den Schülern nicht zu eigen werden, sondern äußerlich bleiben können, einer solchen Entwicklung der Bildungsgeschichte Vorschub statt Widerstand.

Die Schule als Hure des Fortschritts

Kapitel V

oder: *Erziehung zur Unmündigkeit*

Dem Allgemeinen untertan

Schulbeschreibungen des vorigen Jahrhunderts, zur Zeit der Industrialisierung, als die Menschen und insbesondere die Kinder lernen mußten, so zu werden, wie die Fabrik sie brauchte, mögen uns das Schaudern lehren und uns in der Überzeugung bestärken, die Schule sei doch auf dem Wege der Humanisierung ein gutes Stück vorangekommen: «In den Elementarschulen wird die Zeiteinteilung immer strenger; die Tätigkeiten werden aus nächster Nähe von Befehlen umdrängt, denen unmittelbar zu entsprechen ist: ‹Am Ende der Stunde schlägt ein Schüler die Glocke, und beim ersten Schlag knien alle Schüler nieder, kreuzen die Arme und schlagen die Augen nieder. Nach dem Gebet gibt der Lehrer ein Zeichen, um die Schüler aufstehen zu heißen, ein zweites, um sie den Gruß Christi sprechen zu heißen, und ein drittes, damit sie sich setzen.› Zu Beginn des 19. Jahrhunderts schlägt man für die Schule (...) folgenden Stundenplan vor: ‹8.45 Eintritt des Monitors (das war zu der Zeit noch kein Bildschirm, Anm. M. G.), 8.52 Ruf des Monitors, 8.56 Eintritt der Schüler und Gebet, 9 Uhr Einrücken in die Bänke, 9.04 erste Schiefertafel, 9.08 Ende des Diktats, 9.12 zweite Schiefertafel usw.› (...) ununterbrochene Kontrolle, Druck der Aufseher, Vermeidung aller Quellen von Störung und Zerstreuung. Es geht um die Herstellung einer vollständig nutzbaren Zeit.»[1]

Die Idee, die dieser peniblen Zeitordnung zugrunde liegt, wird von einem Sozialkommentator schon im Jahre 1772 offenherzig und ohne falsche Scham ausgesprochen: «der Schulraum solle ein Übungsgelände für die ‹Gewohnheit des Fleißes› sein, und jedes Kind solle im frühesten Alter ‹an Arbeit und Erschöpfung gewöhnt,

1 Foucault, Michel: Überwachen und Strafen, Frankfurt 1977, S. 193.

um nicht zu sagen, darin eingebürgert werden.›» Dieser Dressuraufgabe verschrieben sich die Erzieher dem Vernehmen nach mit wahrem Enthusiasmus und «transportierten eiligst die disziplinierten Rhythmen der Fabrik direkt in den Schulraum»[2].

Woher der Enthusiasmus der Pädagogen für eine so armselige Aufgabe? Waren sie allesamt Sadisten oder Despoten? Möglicherweise. Es mag aber auch sein, daß die Eindeutigkeit ihres Auftrags sie beflügelte. Nicht daß das ihre Handlangerei zur Auspressung der Arbeitskraft entschuldigen könnte. Die Willfährigkeit, mit der sie zur Unterdrückung immer wieder ihre Dienste angeboten hat, muß jede Unschuldsvermutung gegenüber der Pädagogik in ihrer theoretischen wie praktischen Gestalt von vornherein als leichtfertig erscheinen lassen.

Das Quid pro Quo war jedenfalls bei dieser Vorgabe klar. Die Entscheidung, ob die Schule dem Fortschreiten des Individuums in seiner Selbstgestaltung zu dienen habe oder dem Fortschritt des Ganzen, war den Pädagogen abgenommen. Sie war, mindestens was die niederen Stände betraf, ohne alle Einschränkung zugunsten des «höheren Allgemeinen» gefallen. Und das bedeutete zu jener Zeit, der Produktion ihren Tribut zu zollen. Denn der Prozeß der Produktion war der neue Gegenstand der Verehrung und konnte Anspruch auf unbedingte Gefolgstreue geltend machen: «es ist nicht zu viel gesagt, wenn man behauptet, daß er (...) etwas Heiliges» hatte, schreibt Elias Canetti.[3]

Den Belangen des Individuums wurde in diesem glasklaren Befehls-Gehorsams-Schema dadurch Genüge getan, daß man den Menschen zum Arbeitswesen umdeutete, das zu seiner Bestimmung als Mensch nur durch die Einfleischung der Arbeitstugenden gelangen konnte: Disziplin, Ordnung, Fleiß, Reinlichkeit, Ausdauer, Pünktlichkeit und widerspruchslose Unterordnung unter das Notwendige. Es war also für damalige Erzieher sehr einfach zu wissen, was von ihnen verlangt wurde.

Um diese Klarheit, wenn auch nicht um das schmutzige Geschäft,

2 Rifkin, Jeremy: Uhrwerk Universum, München 1988, S. 126.
3 Canetti, Elias: Masse und Macht, Frankfurt 1980, S. 211 f.

zu dem sie sich dingen ließen, mögen heutige Lehrer ihre Kollegen von ehedem beneiden. Ein Gutteil der Debatte, die heute tobt, mag sich bei näherem Hinhören als Variation zu der Frage erweisen, ob die Schule im Sinne eines höheren allgemeinen Interesses tätig werden müsse oder im Sinne des nach seiner Entfaltung strebenden Individuums. Ob sie demnach vornehmlich dem Wohl des Ganzen verpflichtet sei, unbestreitbar wichtigen gesellschaftlichen Erfordernissen Rechnung zu tragen habe oder der Persönlichkeitsentfaltung des einzelnen Schülers. Ist die Schule also eine Veranstaltung für die Gesellschaft, um diese vor der sprengenden Ansprüchlichkeit der Individuen zu schützen? Oder ist sie eine Veranstaltung für die Individuen, um sie gegen die erdrückende Übermacht der gesellschaftlichen Anpassungsforderungen zu stärken?

Auf den ersten, naiven, unbefangenen Blick ist es nicht plausibel, warum diese beiden Positionen einander befehden müssen. Warum sollte nicht dem Individuum guttun können, was der Allgemeinheit nützt, und vice versa. Und tatsächlich wird genau dies von der Schule erwartet, daß sie beiden gleichermaßen förderlich ist, dem Individuum *und* der Gesellschaft. Widersprüchlich im Sinne der Paradoxie wird diese Erwartung dann, wenn der gesellschaftliche Fortschritt mit dem Niedergang oder der völligen Unterwerfung des Individuums erkauft worden wäre und weiterhin erkauft werden müßte. Oder wenn umgekehrt die allseitige Entfaltung der Individualität notwendig den Fortschritt des Ganzen zum Erliegen brächte. Dann wäre wiederum die Schule in der Situation, daß sie einerseits soll, was sie andererseits nicht darf.

Im Dienst der Dienstbarmachung

Die Art, wie die Interessen des «höheren Allgemeinen» und die der Individuen in den grassierenden Debatten um die Modernisierung der Schule wahrgenommen und vertreten werden, gibt allerdings wenig Anlaß zu der Hoffnung, daß man sich auf den Ernst der Sache wirklich einlassen will. Zwei Lager, die sich im übrigen in jeder Hinsicht befehden, sind sich doch darin einig, daß das gesellschaftliche und das individuelle Fortkommen, ganz wie es der Schule auferlegt ist, gleichzeitig bewerkstelligt werden können.

Da sind auf der einen Seite die um den sogenannten Standort Deutschland Besorgten. Diese zur gängigen, fast schon abgegriffenen Verständigungsmünze gewordene Wortkombination macht sehr klar, was unter dem allgemeinen Belang, dem die vereinten Anstrengungen der Gesellschaftsmitglieder inklusive der Lehrer und Schüler zu gelten haben, verstanden werden soll: Wettbewerbsfähigkeit auf dem Weltmarkt, heute, morgen und auf lange Sicht. Darum versichern sich nicht nur Kultusminister, denen der Schuh drückt, weil die finanziellen Spielräume immer enger werden, des Beistandes von renommierten Unternehmensberatern für eine Wirtschaftlichkeitsprüfung des gegenwärtigen Schulbetriebs – mit niederschmetterndem Ergebnis, wie sich denken läßt, und folglich der Empfehlung, diesem größten staatlichen Konzern radikale Schlankheitskuren zu verordnen.[4] Auch die Gewerkschaft Erziehung und Wissenschaft (GEW) läßt sich die Studie «Eine Schule für eine moderne Industriegesellschaft» eine gute Million kosten, damit sie sich klug mache zu der Frage: «Was muß die Schule leisten, um die internationale Wettbewerbsfähigkeit des Wirtschaftsstandortes Nordrhein-Westfalen zu sichern? Was sind die Anforderungen der modernen Produktion?»[5]

Für die Entfaltung des Individuums ist aber trotz der Beflissenheit, mit der die Bildungsstrategen sich den «Anforderungen der Produktion» dienstbar machen wollen, reichlich Gelegenheit. Kein Gedanke mehr daran, daß das Individuum niedergeknüppelt werden muß, damit die Dressur zum Arbeitswesen gelingen kann. Im Gegenteil: seine breite Entfaltung ist ein gewichtiger Produktions-

4 So zum Beispiel das vom nordrhein-westfälischen Kultusminister im Jahr 1991 bei der Kienbaum-Unternehmensberatung in Auftrag gegebene Gutachten.

5 Heinemann, Karl-Heinz: Zwischen schlanker Produktion und radikaler Autonomie, in: *Frankfurter Rundschau* vom 29. Oktober 1992.

faktor. «Schlüsselqualifikationen» sind gefragt: die «Fähigkeiten, Sachverhalte zu erkennen, Situationen zu analysieren, zusammenzuarbeiten und selbstverantwortlich zu handeln»[6].

Und wer sich mit einem solchen «breitgefächerten, flexiblen Arbeitsvermögen» ausstaffiert, der paßt obendrein so haargenau in die moderne Produktionslandschaft, daß er auch noch einer anspruchsvollen Berufskarriere als Individuierungschance entgegensehen kann.

Da ist nun offenbar wirklich der Fortschritt in ein neues Stadium getreten, in dem sich das Wachstum des Bruttosozialprodukts und das Wachstum der Persönlichkeiten herzenseinig vermählen. Die alte Erbfeindschaft zwischen dem nach seiner Besonderung strebenden Individuum und der «ärgerlichen Tatsache der Gesellschaft»[7] kann auf diesem Entwicklungsstand zu Grabe getragen werden: Was dem einzelnen frommt, dient dem Ganzen und umgekehrt. Das «Reich der Notwendigkeit» und das «Reich der Freiheit» sind zum Garten Eden der modernen Produktion zusammengewachsen. Allenthalben Autonomie: der Autonomie der Produktion arbeitet die Autonomie der bürokratisch entschlackten Schule zu, der wiederum geben die autonom kooperierenden Lehrer den richtigen drive, und die werden durch autonom kreativelnde Schüler täglich neu inspiriert und gefordert.

Daß bei so schöner Harmonie der Bestrebungen die Umwelt nicht zu kurz kommen soll, versteht sich fast schon von selbst. Lean production und clean production gehören zusammen wie der Wind und das Meer. Und so wird dann auch dieser Verbrüderung von allen Seiten Beifall gespendet: «Ein sehr positiver Beitrag zur Verbesserung der Schulorganisation, der auch die Anforderungen von Industrie, Dienstleistungsbereich und Gewerbe an die schulische *Ausbildung* (sic! Die Bildung wurde bereits in aller Stille und im engsten Familienkreis bestattet; Hervorhebung M. G.) in hohem

6 Ebenda. Vgl. auch: Lehner, Franz, und Ulrich Widmaier: Eine Schule für eine moderne Industriegesellschaft (Kurzfassung), in: *Neue deutsche Schule*, Heft 18/1992, S. 17.

7 Dahrendorf, Ralf: Homo Sociologicus, Köln/Opladen 1969, S. 26.

Maße berücksichtigt», lobt ein Vorstandsmitglied der STEAG AG, Essen.[8] Und der Pädagogikprofessor Hans Günter Rolff, Leiter des Instituts für Schulentwicklungsforschung an der Universität Dortmund, sekundiert: «Ich finde es geradezu aufregend, daß eine am ökonomischen Wandel orientierte Analyse zu ganz ähnlichen Ergebnissen kommt, wie unsere pädagogischen Überlegungen.»[9]

Möglicherweise waren ja aber die «pädagogischen Überlegungen» längst schon am ökonomischen Wandel orientiert und nur befangen in der *Illusion* des herrschaftsfreien Diskurses und ungegängelter Nachdenklichkeit. Vielleicht war ja sogar die Pädagogik von allem Anfang an ein Hätschelkind der Ökonomie. Jedenfalls kamen auch im 19. Jahrhundert die Pädagogen zu ganz ähnlichen Überlegungen wie die Fabrikbesitzer; das ist immerhin auffallend.

Am andern Pol der Schuldiskussion kann von so gehobener Stimmung nicht die Rede sein. Die allgemeine Wachstumseuphorie ist dort nicht ausgebrochen. Im Gegenteil: das Wirtschaftswachstum, das inzwischen wieder ganz ungeniert als politische Leitidee propagiert wird, ist in dieser Diskussion gerade Gegenstand der Sorge. Man erinnert sich, wenn auch angesichts der kritischen Arbeitsmarktlage zunehmend zaghaft, an die Warnungen aus den sechziger und siebziger Jahren, daß die «Grenzen des Wachstums» erreicht seien und daß selbst «Null-Wachstum» nur ein Zwischenstadium auf dem Wege weit radikalerer Selbstbeschränkungen sein könne. Zugegeben: «Null-Wachstum» ist nicht gerade ein poetischer Begriff, aber es steht zu befürchten, daß er nicht wegen seines Mangels an Poesie außer Gebrauch gekommen ist, ja geradezu aus der Erinnerung getilgt wurde.

Dennoch, es gibt sie, die Unentwegten, die auch in der pädagogischen Diskussion wenigstens am Geist dieser Mahnung zur Umkehr festhalten: die Öko-, Friedens- und Dritte-Welt-Pädagogen, die sich die Nachrichten aus aller Welt über Raubbau und Zerstörung, Vermüllung und Vergiftung, Waffenexport und Atomtests

8 Lehner, Franz, und Ulrich Widmaier, a. a. O., S. 22.
9 Ebenda, S. 22.

und neuen Kolonialismus so zu Herzen nehmen, daß sie den ökologischen Umbau der Schule, eine Miniatur des ökologischen Umbaus der Gesellschaft, als pädagogische Herausforderung begreifen und in die Heiligsprechung der Produktion nicht so ohne weiteres einstimmen mögen. Wenn dies die Idee vom «höheren Allgemeinen» ist, die Bewahrung der Welt vor der ökologischen, militärischen oder Verelendungs-Katastrophe, dann scheint es wiederum möglich, pädagogisch die Interessen der Gattung mit der je einzelnen Entfaltung der Persönlichkeit zu vereinbaren. Denn für diese Aufgabe ist man auf mündige, verantwortungsbewußte und -bereite, persönlich betroffene und hoch engagierte, vom Sinn der Sache begeisterte, eigenwillig und autonom agierende Individuen als Bündnispartner und Akteure geradezu angewiesen. Die an die Schule gerichtete Forderung, sich dem Wohl des Ganzen *und* der Person zu verpflichten, muß man, auch wenn man gegen den Strom schwimmt, nicht obszön oder heimtückisch finden.

Und dennoch: So einfach kommen die allgemeinen und die individuellen Belange nicht überein. Hinterrücks und gegen den eigenen Willen werden auch die Lehrer, die dem Vorwärts- und Aufwärtstrend nicht trauen mögen, zu Kollaborateuren des Fortschritts, dem sie Einhalt gebieten wollen. Es ist verblüffend: Immer dann, wenn gesellschaftliche Entwicklungen so bedrohlich und bedrückend werden, daß die gestählte Sorglosigkeit ihnen gegenüber ins Wanken gerät, wird von der Zunft eine neue spezielle Sparte von Pädagogik ausgetüftelt. Wir haben in den letzten Jahrzehnten die beachtliche Gebärfreudigkeit des Erziehungssystems, das unaufhörlich neue Ausgeburten hervorbringt, bestaunen können: Die Ökopädagogik und Friedenserziehung erblickten das Licht der Welt, es folgten in der Geschwisterreihe die Medienpädagogik, dann die Gesundheitserziehung, jetzt ist die Risikoerziehung unterwegs, Erziehung zur Arbeitslosigkeit existiert schon seit geraumer Zeit, nur hat man von ihr wegen ihrer Unansehnlichkeit nicht soviel Aufhebens gemacht.

Die Lehrer, jedenfalls die besorgten unter ihnen, mußten nicht lange gebeten werden, sich für alle Katastrophen oder Beinah-Katastrophen oder präkatastrophischen Weltlagen zuständig zu fühlen.

Man kann darüber spekulieren, warum sie sich diese Verantwortung so bereitwillig aufbürdeten. Teils wohl, weil sie, der Rangsortierung überdrüssig, nach sinnvollerer Tätigkeit Ausschau hielten, teils weil am Horizont die Möglichkeit ihrer Verzichtbarkeit aufzog und sie sich gern in Aufgaben stürzten, deren Bewältigung nicht abzusehen ist. Die Machtprofiteure in der Politik und in den Chefetagen der Konzerne, die darüber befinden, welche Schädigungen an Leib, Leben, Seele und Lebenswelt wir und alles, was sonst kreucht und fleucht, wächst und gedeiht, in Kauf zu nehmen haben, damit es vorangeht mit dieser Welt, werden sich allerdings vergnügt die Hände reiben, wenn sie die Pädagogenzunft damit beschäftigt sehen, die zusammengebrauten Katastrophen, diese unliebsamen Beiprodukte des großen Weltoptimierungsprojektes, kurzerhand zu Erziehungsmankos umzudeuten. Eleganter könnten sie sich ihrer Legitimationsdefizite kaum entledigen.

Dabei stirbt der deutsche Wald wirklich nicht an einem Mangel an Umwelterziehung, sondern an Autoabgasen. Und der Frieden wird nicht durch unzureichende Friedenserziehung gefährdet, sondern durch Waffen und Monstrositäten, die nicht einmal mehr «Waffen» genannt werden können. Die Neigung der Pädagogik, für jede noch so skrupellose Verunstaltung der Lebenswelt ein pädagogisches Konzept parat zu halten, ist fatal: Je verantwortungsbereiter die Pädagogik in dieser Hinsicht ist, desto unbehelligter bleiben die Verhältnisse. Und die Schüler, die zur Verantwortung er- oder gezogen werden sollen, werden zu einer gefährlichen Illusion verführt: zur Illusion der Verantwortlichkeit. Ihnen wird eine Verantwortlichkeit zugemutet, für etwas, das sie nicht verantworten können, weil sie keinen Einfluß auf seine Gestaltung haben. Darüber ist zu reden, bevor man, so oder so, die Befreiungsversuche der Individuen mit dem «Fortschritt» des Ganzen versöhnt und so tut, als würden die Verhältnisse verantwortbar ganz einfach dadurch, daß sich die Individuen beherzt und energisch zur Verantwortung entschließen.

Die Gretchenfrage, wie sie es mit dem Fortschritt hält, erübrigt sich für die Schule nicht einfach dadurch, daß sie eine Liaison mit ihm eingeht, und die Gretchenfrage, wie sie es mit der Selbstbestimmung der Personen hält, nicht einfach dadurch, daß sie ihnen Verantwortung andreht.

Friedrich Schiller erkannte die Unversöhnlichkeit des Einzelnen und des Allgemeinen als die schmerzliche Grundfrage menschlicher Existenz: «Woher wohl dieses nachteilige Verhältnis der Individuen bei allem Vorteil der Gattung?»[10] Ein Verhältnis, das den einzelnen «bloß zu einem Abdruck seines Geschäfts, seiner Wissenschaft» werden läßt und bei dem «selbst der karge fragmentarische Anteil, der die einzelnen Glieder noch an das Ganze knüpft, (...) nicht von Formen ab(hängt), die sie sich selbsttätig geben (...), sondern (...) ihnen mit skrupulöser Strenge durch ein Formular vorgeschrieben (wird), in welchem man ihre freie Einsicht gebunden hält»[11].

Das Individuum wurde dem Fortschritt der Gattung geopfert, daran läßt sich nicht zweifeln. Aber diese Unterwerfung des Individuums ist – in Schillers Perspektive – nicht nur ein machtgieriger Willkürakt, sondern notwendig: «Gerne will ich Ihnen eingestehen, daß, so wenig es auch den Individuen bei dieser Zerstückelung ihres Wesens wohl werden kann, doch die Gattung auf keine andere Art hätte Fortschritte machen können.»[12] So muß also der einzelne verzichten auf die allseitige Ausbildung der Fähigkeiten und Potenzen, die in ihm schlummern, damit er die spezialisierten Höchstleistungen zustande bringt, die sich zum Gattungsfortschritt addieren lassen.

Doch auch die Auflehnung dagegen, daß die Emporentwicklung des Ganzen die Verkrüppelung und Vereinseitigung des einzelnen zur Voraussetzung hatte, daß sich die Gattung nur auf Kosten des Subjekts steigern konnte, ist trotz der Einsicht in die Fortschrittsnotwendigkeit bei Schiller nicht verstummt: «Wieviel also auch für das Ganze der Welt durch diese getrennte Ausbildung der menschlichen Kräfte gewonnen werden mag, so ist nicht zu leugnen, daß

10 Schiller, Friedrich: Über die ästhetische Erziehung des Menschen, Sechster Brief, in: Chr. Christiansen, Schillers Werke, Hamburg o. J., S. 158.

11 Ebenda, S. 159.

12 Ebenda, S. 162.

die Individuen, welche sie trifft, unter dem Fluch dieses Weltzweckes leiden. (...) Und in welchem Verhältnis stünden wir also zu dem vergangenen und kommenden Weltalter, wenn die Ausbildung der menschlichen Natur ein solches Opfer notwendig machte? Wir wären die Knechte der Menschheit gewesen, wir hätten einige Jahrtausende lang die Sklavenarbeit für sie getrieben und unserer verstümmelten Natur die beschämenden Spuren dieser Dienstbarkeit eingedrückt – damit das spätere Geschlecht in einem seligen Müßiggange seiner moralischen Gesundheit warten und den freien Wuchs seiner Menschheit entwickeln könnte! Kann aber wohl der Mensch dazu bestimmt sein, über irgendeinem Zweck sich selbst zu versäumen.»[13]

Bei Schiller ist die Wunde offen. Die ganze Qual der Unentscheidbarkeit liegt zutage. Beides ist ihm gleichermaßen skandalös und unausdenklich. Er will sich weder mit dem einen noch mit dem andern abfinden: mit der Preisgabe des Individuums nicht und nicht mit dem Verzicht auf das Fortschreiten der Gattung. Weder kann dem einzelnen zugemutet werden, seine Kräfte nur in eine Richtung anzuspannen und alle anderen um der Höchstleistung jener willen brachliegen und verkümmern zu lassen. Noch ist der Allgemeinheit abzufordern, daß sie sich der Erkundung und Verwirklichung des Menschenmöglichen begibt, auch wenn dies nur zu haben ist als Zusammenfügung der hochspezialisierten Kraftanstrengungen der vielen einzelnen. An der Notwendigkeit des Fortschritts zweifelt Schiller so wenig wie an dem unverbrüchlichen Recht des einzelnen Menschen auf die allseitige Entfaltung seiner Möglichkeiten.

Doch eine Einträchtigkeit zwischen individuellen Belangen und dem Fortschrittsimperativ ist nicht in Sicht. Diese Unversöhnlichkeit ist wahrlich nicht mit einem etwas freundlicheren Produktionsklima und ein wenig corporate identity – ganz im Dienste der Effizienz, versteht sich – zu kitten, wie die GEW-Funktionäre und Industriebosse es sich ausgedacht haben. So leicht wird der Fortschritt nicht gezähmt.

13 Ebenda, S. 163 f.

Lernend in die Katastrophe

Am Ende unseres Jahrhunderts haben wir wahrlich Grund, dem Fortschritt tiefer zu mißtrauen, als Schiller es in vorindustrieller Zeit für unerläßlich hielt. Die radikalste Absage an ihn finde ich bei Emil M. Cioran: «Den Aberglauben an das Beste erfunden zu haben, die Vorstellung, daß jeder Schritt vorwärts einen Sieg über das Böse bedeutet, (...) das ist unser verderbliches Privileg. (...) Zweifelsohne kommen wir voran, aber wir machen keine Fortschritte. *Zahlen* müssen wir für alles. Für jede Tat müssen wir büßen. Der geringste Schritt vorwärts wird eines Tages bereut, denn all unsere Errungenschaften wenden sich letztlich gegen uns. (...) Wir hätten die Dinge auf sich beruhen lassen sollen, (...). Der Mensch hätte sich nicht der Tat verschreiben, sondern in die Passivität eintauchen sollen, (...) und selber mit einer einzigartigen Gleichgültigkeit anfangen und enden sollen. (...) die ‹Zivilisation› (ist) im Grunde ein Irrtum (...) und der Mensch (hätte) in enger Verbindung mit den Tieren, kaum von ihnen unterschieden (...) leben sollen. Auf keinen Fall hätte er das Stadium des Hirten überschreiten sollen. Die Krönung eines Lebens läuft letztlich auf ein tadelloses Mißlingen hinaus.»[14]

Das ist nun allerdings eine Verurteilung der Fortschrittsidee ohne Wenn und Aber. Kein Gedanke mehr an Ambivalenz und Dialektik. Nicht der leiseste Rechtfertigungsgrund, nicht ein Minimum an Stolz auf die Errungenschaften ist von der alten Zuversicht übriggeblieben. Was sich Fortschritt nennt, sind die verwüstenden Auswüchse des Irrwitzes und des Ehrgeizes einer übergeschnappten Gattung. Da ist nichts, was sich zu seinen Gunsten sagen ließe, und nichts, was man mit Fug und Recht im Namen des Fortschritts noch in Angriff nehmen dürfte. Der Fortschritt hat seinen Kredit verspielt. Was zu Schillers Zeit noch unentscheidbar schien, wird mit diesem desillusionierten Resümee entschieden.

14 Cioran, Emil M.: Die negative Seite des Fortschritts, in: Peter Sloterdijk (Hg.): Vor der Jahrtausendwende: Berichte zur Lage der Zukunft, Frankfurt a. M. 1990, S. 660 bis 667.

Cioran hat sich mit dieser unerbittlichen Attacke allerdings gründlich mit dem Zeitgeist überworfen. Er vertritt nicht den Epochenstandpunkt. Wäre das anders, dann wäre ein Gutteil der Debatte um die Zukunft der Schule erledigt, und das Terrain sähe erheblich übersichtlicher aus. Bei aller Skepsis, die der Fortschritt sich eingehandelt hat mit den katastrophalen Nebenfolgen, welche seinen Siegeszug auf Schritt und Tritt begleiten, bleibt zu seinen Gunsten doch das Totschlagargument, mit dem die radikalsten Gegner niedergestreckt werden, in Geltung: Willst du oder sollen wir zurück in die Steinzeit?

Wer sich diese Frage nicht nur ihrer Grobschlächtigkeit wegen verbäte und höflich ein wenig mehr Esprit und Differenziertheit einforderte, sondern wer sie – wie Cioran – mit einem schlichten und entwaffnenden «Ja» beantwortete, der hätte allerdings wohl sein Anrecht, ernst genommen zu werden, verwirkt. Bestenfalls würde man in ihm den Polemiker oder Zyniker vermuten, der sich ein Vergnügen daraus macht, die Gemüter zu erhitzen, was ja gelegentlich ganz nützlich und amüsant ist. Wahrscheinlich aber würde er als Irrer durchgehen, als jemand, den seine fatale Katastrophenverliebtheit und Apokalypsegeilheit um den Verstand gebracht hat. Daß es ihm bitter ernst ist, daß er ausspricht, was andere nicht einmal zu denken wagen, daß ihm Hoffnung nur noch als ein anderes Wort für Feigheit erscheinen könnte (G. Anders), kurz: daß er verzweifelt Ausweglosigkeit ankündigt und damit der Pädagogik kategorisch jede Schmuserei mit dem Fortschritt untersagen würde, das kommt jedenfalls nicht in Frage.

Wenn wir es aber doch probeweise und vorübergehend in Frage kommen ließen? Woher dann die den Verstand beleidigende Eindeutigkeit in der Verfluchung des Fortschritts, dem doch 200 Jahre zuvor – erheblich akzeptabler übrigens – Friedrich Schiller noch so viel gutes Recht einräumte. Und warum nun ausgerechnet die völlig indiskutable Verklärung des Hirtendaseins?

Weil der Fortschritt nicht mehr ist, was er einmal war. Es ist bei Schiller und Cioran von zweierlei Fortschritt die Rede. Schiller glaubte ganz im Sinne der Aufklärung an die *allseitige* Entwicklung des Menschenmöglichen, die den vereinten Kräften der vielen Einzelnen entspränge. Tatsächlich aber ist der von der Idee der fortschreitenden Naturbezwingung besessenen Gattung widerfahren, was zuvor den Individuen zugemutet wurde. Es wurden auch in ihr nur wenige Kräfte und Potenzen auf Kosten aller andern entfaltet: die ökonomischen, die wissenschaftlichen (vorzugsweise naturwissenschaftlichen) und die technischen. Alle andern «Sparten» des Menschenmöglichen gerieten dagegen ins Hintertreffen. Nicht nur daß sie, außer Gebrauch gekommen, «wie bei verkrüppelten Gewächsen, kaum mit matter Spur angedeutet sind»[15]. Ihr Ausfall hatte auch zur Folge, daß die Oppositionsbank leer ist. Keine Stimme, die sich gegen diese siegreichen Drei, Ökonomie, Naturwissenschaft und Technik, mit Aussicht auf Gehör erheben könnte. Weit und breit nichts, was ihren Alleinvertretungsanspruch in der Repräsentanz des Allgemeinen durchsetzungsstark bestreiten könnte. Alle gesellschaftlichen und individuellen Bestrebungen, die sich anders als durch die Inaussichtstellung technischer Neuerung, wissenschaftlicher Präzision und ökonomischen Profits legitimieren wollten, sind längst nur noch von deren Gnaden, nur noch geduldet auf Widerruf und mit beschränkter Geltung. Was der Wissenschaft ihren hypertrophen Anspruch aufs Weltdeutungsmonopol, der Technik ihren Anspruch aufs Weltgestaltungsmonopol und der Ökonomie ihren Anspruch aufs Weltregelungsmonopol hätte streitig machen können: die Philosophie und Religion, die Kunst und Moral, die Politik und das Recht, wurde von der herrschenden Fortschrittsallianz in die Dritt- und Viertrangigkeit verwiesen.

Politik steuert zum «Menschheitsfortschritt» kaum mehr als nachträgliche Zustimmung zu den Entwicklungen bei, die ohne ihre Mitwirkung in Gang gesetzt wurden. Philosophie begründet meist «die ganze Skala der Werte, wie die öffentliche Praxis sie schon sanktioniert hatte, mit allem Komfort der differenzierten Logik, Schau und Evidenz noch einmal»[16]. Kunst ist kommerzialisiert und folgt nolens volens den Gesetzen von Angebot und Nachfrage,

15 Schiller, Friedrich: a. a. O., S. 158.
16 Horkheimer, Max: Gesammelte Schriften, Bd. 5, Frankfurt 1987, S. 269.

oder sie wurde zum Dekor, mit dem sich Sponsoren schmücken. Mythen und Religion wurden mit dem Hinweis auf ihren Mangel an Vernünftigkeit hinweggefegt, weil in ihnen die ernste Frage nach dem Erlaubten und dem Unerlaubten aufgehoben war, die als einzige sich der Durchsetzung des Fortschrittsimperativs, daß nichts unterbleiben dürfe, was technisch möglich ist, hätte in den Weg stellen können. Religion tritt, harmlos geworden, als religio light mit allerlei esoterischen Versprechungen und allerlei wohlfeilem Trost auf, oder sie wird zur Ausschmückung besonderer Lebens- und Sterbenslagen beansprucht. Und Moral ist anerkanntermaßen eine Obliegenheit von Ethikkommissionen, die gehalten sind, ein «System, mit Grund- und Folgesätzen, eiserner Schlüssigkeit, sicherer Anwendbarkeit auf jedes moralische Dilemma» [17] in petto zu haben.

Jener Fortschritt des Ganzen, auf den sich die Repräsentanten des höheren Allgemeinen gegen die Ansprüche des Besonderen berufen, ist zur Allgemeingültigkeit ausschließlich durch eine Sieges- und Durchsetzungsgeschichte geadelt. Er ist nur deshalb im Recht, weil wir uns daran gewöhnt haben, Siegen mit Rechtmäßigkeit zu verwechseln.

Das Menschenmögliche hat Schlagseite bekommen. Und von einem bestimmten Neigungswinkel an tendiert solche Schieflage zum Untergang.

Die Vereinseitigung des «Weltzwecks», die Hegemonie von Ökonomie, Technik und Wissenschaft und der Ameisenfleiß, mit dem Kenntnis auf Kenntnis und Fertigkeit auf Fertigkeit getürmt wurde, hat einen *kolossalen* Fortschritt hervorgebracht. Er begräbt – losgelassen –, was sich ihm entgegenstellt, in rasender Fahrt unter sich, walzt nieder, was sein Vordringen behindert. Für ihn waren die Weichen immer auf Durchfahrt gestellt. Seine Konstrukteure glaubten so unbeirrbar an seine Steuerbarkeit, daß sie ihren ganzen Scharfsinn und Erfindergeist auf die Erhöhung der Motorleistung verwandten und die Bremsen mutwillig unbrauchbar machten.

Gegen diesen monströs gewordenen Fortschritt weiß der Skepti-

17 Ebenda, S. 269.

ker Cioran nur eine Option: *Nicht-Fortschritt.* Der Inbegriff der Bewegung ohne Fortschritt ist das Umherziehen der Hirten. Ihr Bild taucht nicht erst im ungemütlich gewordenen 20. Jahrhundert auf, sie bevölkern nicht nur die Phantasien des überanstrengten, am Fortschritt irregewordenen Gegenwartsmenschen. Sie zogen in ruhiger Manier schon am Beginn der Aufklärung, als die große Aufgabe, die «Verspätung der Vernunft» (H. Blumenberg) aufzuholen, noch unangebrochen vor ihnen lag, am Sehnsuchtshorizont der Pioniere der Moderne entlang und hielten die Erinnerung an das verlorene Paradies wach. Was zuallererst an ihnen imponierte war ihre gemessene Gangart, ihre Unstetigkeit ohne jede Hast. Sie galten geradezu als die «Erfinder der Muße (...) und damit der Hauptbedingung auch für die theoretische Lebensform» [18]. Da sie ihre Welt nur durchwandern, nicht aber verändern wollten, konnten sie zu ihr in ein Verhältnis «geruhsamer Betrachtung» treten und darin auch verharren. Ihre Genügsamkeit bewahrte sie vor unheilstiftenden Vorurteilen: «Vorurteile entstehen (...) unter Zeitdruck, als Überstürzungen (...).» [19] Die Vermeidung der Vorurteile durch Langsamkeit erspart den Hirten die Aufklärung, die sich erklärtermaßen dem «Ausräumen schon entstandener Vorurteile» [20] unter Anspannung aller ihrer Kräfte verpflichtet weiß. Solange es nichts zu verbessern und nichts zu korrigieren gab, solange nicht aus dem eigenen Tun Überbietungen des Weltzustandes herausgeschlagen werden sollten, so lange blieb auch dem Individuum seine Selbstaufopferung zugunsten der höheren allgemeinen Zwecke erspart.

Man hätte umzudenken: Die ruhige Weltbetrachtung, die vom Zwang der Naturbeherrschung nichts weiß und die wir gewohnheitsmäßig für ein dumpfes kollektives Brüten ansehen, wäre der Ausbildung des Eigensinns freundlicher gesonnen als der rasende Fortschritt, der zugunsten der schließlichen Befreiung der Individualität angezettelt wurde?

18 Blumenberg, Hans: Lebenszeit und Weltzeit, Frankfurt 1986, S. 194.
19 Ebenda, S. 194.
20 Ebenda, S. 195.

Bei Lichte besehen, wäre es also gar nicht so wenig, was die Hirten dem modernen Menschen zu bieten haben; und die Sehnsucht nach ihrer Lebensart entspringt nicht nur kitschvernebelten Hirnen, sondern kann sehr wohl ihren Sitz in verzweifelt aufgeklärten Köpfen haben. Cioran ist kein Phantast. Er spricht nicht programmatisch vom Hirtendasein, er ruft seinen Zeitgenossen an der Jahrtausendwende kein aufmunterndes «Zurück zu den Schäfern» zu. Er spricht vielmehr im Irrealis von ihnen, und der mag als Beklagung von Verlorenem durchaus auch vernünftigen Erwägungen verstattet sein. Pädagogische Programmatik und schulbezogener Ratschlag gegen die Modernisierer springt also aus dieser rückwärtsgewandten Betrachtung nicht heraus.

Ohne sich zu irgendeinem Optimismus über den Fortschritt zu bequemen oder irgendeiner Beschwichtigung das Ohr zu leihen, erklärt dagegen Theodor W. Adorno die Liebäugelei mit dem «Nicht-Fortschritt» für schlichtweg reaktionär. Der Fluch ist nicht das einzige und letzte Wort, das über die «fortschreitende Menschheit» gesagt werden kann und darf, auch nicht am Ende des Millenniums und nachdem der Fortschritt seine verheerenden Wirkungen erwiesen hat: «Mahnt das Bild der fortschreitenden Menschheit an einen Riesen, der nach unvordenklichem Schlaf langsam sich in Bewegung setzt, dann losstürmt und alles niedertrampelt, was ihm in den Weg kommt, so ist doch sein ungeschlachtes Erwachen das einzige Potential von Mündigkeit»[21]. Die verzweifelte Einsicht, daß ein Fortschritt, der diesen Namen verdiente, bisher nicht stattgefunden habe, erlaubt nicht die normative Wendung, daß er nicht stattfinden solle.[22] Der Fortschritt, an dem unbeirrt festgehalten werden muß und der nicht aufgegeben werden darf, ist allerdings einer, der «dem Triumph des radikal Bösen in die Parade fahren» und nicht «an sich selber triumphieren» will. Er verwandelt sich dann «in den Widerstand gegen die immerwährende Gefahr des Rückfalls. Fortschritt ist dieser Widerstand auf allen Stufen, nicht das sich Überlas-

21 Adorno, Theodor W.: Fortschritt, in: ders.: Gesammelte Schriften Bd. 10.2, Frankfurt 1977, S. 625.

22 Vgl. ebenda, S. 628 f.

sen an den Stufengang.»[23] Es ist demnach um des Fortschritts willen Widerstand gegen den «Fortschritt» geboten.

Die modische Attitüde, darauf zu vertrauen, daß der Fortschritt an seinen inneren Widersprüchen genesen werde, ist leichtfertig; sich auf seine Selbstheilungskräfte zu verlassen, verstockt illusionär. Aus den atemberaubenden Hervorbringungen des wissenschaftlich-technisch-industriellen Komplexes zu schließen, er werde mit derselben Bravour und derselben überlegenen Herrschaftspose auch über die unbeabsichtigten Nebenfolgen dieser Ausgeburten des Menschenwitzes, die längst das Fassungsvermögen jedes denkbaren Einzelwesens übersteigen, Kontrolle gewinnen, ist entweder verzweifelt oder bösartig optimistisch.

Der monomane Fortschritt kann nur um den Preis der Selbstgefährdung der Gattung sich selbst überlassen bleiben, wiewohl nicht viel dafür spricht, daß er von seinem Katastrophenkurs durch «Widerstand auf allen Stufen» tatsächlich abgebracht werden könnte. Insbesondere deshalb nicht, weil es zu seinem monopolistischen Wesen gehört, jeden möglichen Counterpart zu liquidieren. «Der Druck des herrschenden Allgemeinen auf alles Besondere, die einzelnen Menschen und die einzelnen Institutionen, hat eine Tendenz, das Besondere und Einzelne samt seiner Widerstandskraft zu zertrümmern. Mit ihrer Identität und mit ihrer Widerstandskraft büßen die Menschen auch die Qualitäten ein, kraft deren sie es vermöchten, dem sich entgegenzustemmen, was (...) zur Untat lockt.»[24]

23 Vgl. ebenda, S. 638.
24 Adorno, Theodor W.: Erziehung nach Auschwitz, in: ders.: Gesammelte Schriften Bd. 10.2, Frankfurt 1977, S. 677.

Die (Aus-)Bildung des Konsumenten

Der besondere Einzelne ist in jeder der drei Betrachtungsweisen schwer fortschrittsgeschädigt und kann keinesfalls durch Verbrüderung mit dem real existierenden Fortschritt genesen. Nur im niemals endenden Widerstand gegen ihn könnte er sich als Individuum konstituieren, in dem unablässigen Versuch, der «Klaustrophobie (...) in der verwalteten Welt» zu entkommen, dem «Gefühl des Eingesperrtseins in einem (...) netzhaft dicht gesponnenen Zusammenhang»[25], wobei aber derselbe Fortschritt, dem das Individuum widerstehen müßte, um sich zu behaupten, seinen Widerstandswillen durch die Verlockung der Anteilshabe auflöst.

Welch eine abgrundtiefe Differenz zwischen der Erfolgsgestimmtheit der Schulerneuerer der neunziger Jahre einerseits, die die Fusion zwischen den individuellen und den industriellen Interessen zu beiderseitigem Vorteil so zuversichtlich in Angriff nehmen, und der schmerzlichen Einsicht in den unaufhebbaren Antagonismus zwischen dem besonderen Einzelnen und dem herrschenden Allgemeinen andererseits, die dem Individuum keine Aussicht auf eine geschenkte Freiheit oder auf einen ihm zufallenden «Eigensinn» macht.

Wie also wurde das Individuum zum Fortschrittsverlierer? Auf welche Weise wurde es an seinem Fortkommen durch das Vorwärtsstürmen des Kolosses gehindert? Und haben die Individuen, die nicht nur episodenhaft dem Gattungsfortschritt tributpflichtig waren, so nachhaltig Schaden genommen, daß es mit einem herzhaften Entschluß zur Schadloshaltung, zu dem die Selbstverwirklichungsapostel und die pädagogischen Zunftgenossen im Verein mit den Industriebossen aufmunternd raten, nicht getan ist?

Die Steigerung der Effizienz menschlichen Tuns war die beflügelnde Kraft des Fortschritts, auf den die einen immer noch unbeirrt setzen und der die andern das Grauen vor seinen unabsehbaren

25 Ebenda, S. 676.

Möglichkeiten lehrt. Effizient sein heißt, den Wirkungsgrad der Tätigkeiten erhöhen, mehr in kürzerer Zeit und mit geringerem Kraftaufwand hervorzubringen, es heißt aber auch, das für möglich Gehaltene in schwindelnde Höhen zu treiben und immer weiter zu überbieten. Das ist mit Individuen, die nach allseitiger Entfaltung *ihrer* Potenzen streben und sich zu *ihrer Einzigartigkeit* erschaffen wollen, nicht zu machen, sondern nur mit solchen, die über ihren Schatten springen; die ihren speziellen Beitrag zu dem Projekt des Gattungsfortschritts liefern, die also nicht auf ihrer «Unteilbarkeit» (Individualität) bestehen, sondern sich zu einem funktionstüchtigen Partikel in dem großen Projekt der Erkundung des Menschenmöglichen zurückschneiden lassen und sich darüber hinaus in der «Gattungsgeduld» (H. Blumenberg) üben, den Ertrag der vereinseitigten Mühe also nicht zu eigenen Lebzeiten einfahren wollen.

Die Einzelwesen müssen teils «zugespitzt», teils abgestumpft werden: auf die Spitze getrieben, um in einem schmalen Ausschnitt ihrer Potentialität das Optimum aus sich herauszuschlagen; abgestumpft, um andere Begehrlichkeiten um dieses abgezwungenen Optimums willen in sich zum Schweigen zu bringen. Und den meisten wird überhaupt nur die Zuspitzung ihrer Stumpfheit abverlangt. Wie hätten sie sonst maschinengerecht werden können?

Die Menschen wurden in ihrem «tätigen Weltumgang» (J. W. Goethe) immer mehr in die Enge getrieben, damit die Weltausbeute *des* Menschen auf breitester Front vorangetrieben werden konnte. Weil überhaupt der tätige Weltumgang nur noch als Weltbeuterei vorstellbar war, mußten die Individuen zu «Produzenten» werden. Der Weltausschnitt, auf den sich das weltbearbeitende Individuum bezog, wurde immer kleiner, und gleichzeitig wurde das Hantieren mit den Bearbeitungsgegenständen immer mittelbarer. Der einzelne Produzent kam nicht mehr mit der Welt in Berührung, sondern nur noch mit der Gerätewelt, die sich in immer komplexeren Apparaturen zwischen ihn als Bearbeiter und das zu Bearbeitende schob, um der Kräftevermehrung und der Prozeßbeschleunigung willen. Bis hin zu dem in den avanciertesten Weltbearbeitungsbranchen erreichten Punkt, an dem der für den einzelnen relevante Weltausschnitt mikroskopisch, sogar rastertunnelelektronenmikroskopisch klein ist und von «Hantieren» nur noch im Sinne des behenden Gleitens der Finger über Tastaturen gesprochen werden kann.

Der schweifende Blick der in sinnender Weltbetrachtung umherziehenden Hirten war für dieses Projekt ebenso kontraproduktiv wie die ruhige, demutsvolle Gestaltungsmanier eines Anchises, des holzbearbeitenden Greises, den Christa Wolf als Gegenfigur zu homo faber vor uns erstehen läßt. «(...) man mußte nur auf seine Hände sehn, die beinahe immer ein Stück Holz bearbeiteten, wenigstens betasteten, wobei seine Augen plötzlich lauschen konnten, um zu erfahren, welche Eigenschaft oder Gestalt in diesem Holz verborgen war. Nie ließ er einen Baum fällen, ohne sich vorher ausführlich mit ihm zu besprechen, nie ohne ihm vorher mit einem Samen oder Reis, das er von ihm gewann und in die Erde senkte, sein Weiterleben zu sichern. Über Holz und Bäume wußte er alles, was es zu wissen gab.»[26]

Die Verengung des Blicks und die Umschanzung mit Gerät haben das Individuum seiner Möglichkeit, eigensinnig, eigenwillig und eigenartig zu werden, nahezu vollständig beraubt. Denn es besteht eine Komplementarität zwischen Genauigkeit und Bedeutung, zwischen Exaktheit und Sinn, wie der Physiker Hans-Peter Dürr in einem Vortrag formulierte. Das heißt, jeder Gewinn an Präzision wird mit einem Verlust von Bedeutung bezahlt. Je genauer ich mein Augenmerk auf etwas fokussiere, desto unfähiger werde ich, einen Zusammenhang zu erkennen und dem Wahrgenommenen einen Sinn zu geben. Dem Individuum, dessen Blick dermaßen geschärft wurde, schwinden der Sinn und die Sinne, die Werkzeuge seiner Einzigartigkeit. Mehr noch: die Wertschätzung, der sich die *exakten* Wissenschaften erfreuen, bringt es mit sich, daß der Weltbetrachter den im Weltpräparat dargebotenen winzigen – eben mikroskopischen – Weltausschnitt für das Ganze zu halten sich berechtigt glaubt und, auf die Genauigkeit seiner Wahrnehmung pochend, sich urteilsfähig wähnt, ohne den Mangel an Sinn und Bedeutung zu beklagen und ohne der Tatsache eingedenk zu sein, daß er sich in seinem Weltbild sklavisch an das hält, was das Gerät

26 Wolf, Christa: Kassandra, Darmstadt/Neuwied 1983, S. 108f.

ihm zeigt. Die Sklaven leisten sich das Selbstbewußtsein der Sieger. Widerstand gegen den Fortschritt könnte auf dieser Stufe heißen: *Entschärfung des Blicks*. Mit voller Absicht bediene ich mich dabei eines Begriffs aus der Sprache der Minen- und Bombensucher, deren Metier es ist, «Blindgänger» unschädlich zu machen.

Wenn sich, wie Goethe es auffaßte, die «reife Persönlichkeit im tätigen Weltumgang herausformt»[27], dann hat es für die Möglichkeit ihres Zustandekommens verheerende Folgen, daß sich der aktive Weltbezug der an die Geräte gefesselten Individuen in der terminalen Einheitsgestalt des Knopfdrucks und im geläufigen Traktieren des Computertableaus erschöpft. Keinesfalls sind jedoch die grandiosen Auswirkungen dieser Fingerübungen zu unterschätzen. Aber die kann der Bediener des Geräts nicht als die Folgen seines Tuns identifizieren, und schon gar nicht kann er sich in ihnen wie in einem Spiegel erkennen, so wie sich Anchises im Werk seiner Hände erkannte und durch das Werk seiner Hände für andere kenntlich war. Während aber die Welt im Gerätedschungel verschwindet, glaubt sich der tastenschlagende und bildschirmglotzende Sesselhocker auf Tuchfühlung mit ihr. Und der Schmerz über den Verlust, die Spur einer Chance, zum fortschreitenden Ganzen auf Distanz zu gehen und nicht gänzlich unkenntlich zu werden, bleibt ungelitten.

Für die Daseinsenge, die ihm abverlangt wurde, versucht das betrogene Individuum sich auf andere Weise zu entschädigen. Nicht dadurch, daß es sich schmerzempfindlich hält, sondern gerade durch Indolenz. Was ihm als *Produzent* an zugleich weitschweifiger und unmittelbarer Weltbegegnung vorenthalten wird, will es sich entschlossen als *Konsument* zurückholen. Während es als Produzent, wie man sagt, «auf den Punkt kommen» mußte, wo bekanntlich wenig Platz ist, will es als Konsument ausschwärmen, in die Breite gehen, nichts ungekostet lassen. Mit dieser Verheißung

27 F. Schleiermacher spricht von «weltbildender Selbstdarstellung», in der sich Individualität herausbildet. Vgl.: Ritter, Joachim (Hg.): Historisches Wörterbuch der Philosophie, Bd. 1, Art. Bildung, Basel/Stuttgart 1971, Sp. 924.

wurde es ja geködert, kein Wunder, daß das Gewinnstreben des Kollektivs dem Individuum nicht äußerlich bleiben konnte, sondern in es hineinkroch.

Konsument mußte der einzelne sowieso werden, ob er wollte oder nicht. Denn einerseits wollte der rasante Produktionsausstoß auch konsumiert werden. Und andererseits hatte der Hochleistungsproduzent seine spezielle Tüchtigkeit mit einer generellen Unbeholfenheit bezahlt. Außerhalb ihrer einsamen Könnerschaft wurden sogar die Besten unter ihnen, die Experten, zu beklagenswert untüchtigen Verbrauchern, angewiesen auf Versorgungs- und Dienstleistungen und auf die Abfütterung mit fertigen Weltbrokken, von der Nahrung bis zur Meinung. Das zugespitzte Individuum kann sich nur als Konsument am Leben erhalten, weil es zur Selbsterhaltung unfähig ist. Der pointierte Könner wird automatisch und ungefragt zum Kunden. Er ist auch ohne große konsumistische Ansprüchlichkeit und lange vor seinem hedonistischen Schwenk, gleichsam ohne sein Zutun, ein «belieferungsbedürftiges Mängelwesen» (I. Illich).

Der Konsument ist per definitionem jemand, der nur einer verbrauchsfertigen Welt gewachsen ist. Er kann die Welt nur schlukken wie sie ist, sich aus dem Angebot bedienen, das für ihn bereitgehalten wird. «So gewiß es heute gilt, daß wer etwas konsumiert, damit immer zugleich einer Fütterung unterliegt», ebenso gewiß gilt es, daß «wer dem Konsumzwang gehorcht, immer schon ‹von sich aus› auf das ihm Nahegelegte Appetit hat.»[28] Der Konsument ist das entindividualisierte Individuum. Der um seinen Vorteil kämpfende Weltbeuter ist vereinzelt, aber nicht einzigartig.

Die «Menschen unterscheiden sich nur, ja existieren sogar nur durch ihre Werke», schreibt Claude Lévi-Strauss.[29] Wer also sein Dasein als Konsument fristen muß, wer in sich hineinstopft, was ihm vorgesetzt wird, der bringt keine Unterscheidungen hervor,

28 Anders, Günther: Die Antiquiertheit des Menschen Bd. 2, München 1988, 4. Auflage, S. 146.

29 Lévi-Strauss, Claude: Die Menschen existieren nur durch ihre (Kunst-) Werke, in: *Frankfurter Rundschau* vom 4. Februar 1995.

sondern nur Ausscheidungen. Wie sehr die Konsumenten um Exklusivität bemüht sein mögen, am Ende kommt bei ihren Bemühungen unweigerlich Müll heraus, und der hat zur Konstituierung unverwechselbarer Eigenart wenig Eignung.

Was die «Belieferungsgenossen» (G. Anders) bei aller Ähnlichkeit in den Bestrebungen dennoch gegeneinander aufbringt, ist die *Konkurrenz um Konformität.* Aus diesem edlen Wettstreit geht als Sieger hervor, wem die makelloseste Anpassung an die Welt der Waren, Geräte und Institutionen gelang. Den Lorbeer trägt derjenige davon, der den Bestimmungen der Produkte und den Anordnungen der Apparaturen am getreulichsten nachkommt. Und das ist die Verbraucher- und Benutzeravantgarde, das sind die Beobachter von Neuerungen, die mit dem Tempo der rasanten Entwicklung mithalten, jeden Anpassungsrückstand vermeiden und up to date, up to equipment bleiben.

Die große Koalition der Einverstandenen

Die Aussöhnung der Bildung des Individuums mit den Interessen des Wirtschaftsstandortes Deutschland ist opportunistisch. Die Stunde des Ausgleichs zwischen dem Wachstum des Individuums und dem Fortschritt der Produktion ist nicht gekommen und wird nicht kommen. Und der Pädagogenzunft stünde Skepsis an, wenn der deutsche Zentralverband Elektrotechnik- und Elektronikindustrie (ZVEI) die Schulen mehr auffordert als einlädt, die «Jugendliche(n) besser auf die Informationsgesellschaft vorzubereiten» und den «informationstechnischen Analphabetismus» [30] verhindern zu helfen. Es ist naiv zu meinen, dabei ginge es um die Jugendlichen.

Wenn den Schulen aufgetragen wird, «schlüsselqualifizierte» Schulabgänger zu produzieren, so sollten nicht ausgerechnet Päd-

30 «Schulen sollen den Weg zur Informationsgesellschaft ebnen», in: *Frankfurter Rundschau* vom 1. August 1995.

agogen das mit der Förderung der Individualität verwechseln. Schlüsselqualifikationen zeichnen sich gegenüber dem schnellen Wandel und dem rapiden Verfall von Spezialkenntnissen durch ihre beständigere Konsistenz und dauerhaftere Utilität aus. Aber das *Haltbarmachen* von Produktionsfähigkeiten und -tugenden hat mit *Haltungen*, die die unverwechselbare Person auszeichnen, wirklich nichts zu tun. Solange «Schlüsselqualifikationen» die Ambitionen der Schulerneuerer beherrschen, ist vom Ernstfall des einzelnen Schülers auch nicht ahnungsweise die Rede.

Die Feststellung, daß der Schule mit dem doppelten Auftrag, den Schülerpersonen zur Entfaltung zu verhelfen und der modernen Industriegesellschaft dienstbar zu sein, wiederum ein paradoxes Mandat erteilt wurde, wird, fürchte ich, die Modernisierer nicht sonderlich erschüttern. Eher wird sich unsereiner von ihnen die Frage gefallen lassen müssen, ob man nicht, in die Unversöhnlichkeit verliebt, die einem kritischen Geist so sehr zur Zierde gereicht, vom blinden Haß auf das – jetzt – Mögliche sich leiten ließe.

Die pädagogischen Trendsetter fordern vielmehr, dem überlebten Individuum abzuschwören und sich zu einem neuen, zeitgemäßen zu bekennen, statt sich um den Verlust des alten, das ohnedies nur in ein paar außergewöhnlichen Exemplaren, den Künstlern, Dichtern und Denkern, existiert habe, zu grämen. Die moderne Schule sei demokratisch und habe gerade nicht nur die Eliten zu bedienen, sondern jedem ein Rüstzeug für die Bewältigung der heute anstehenden Aufgaben mitzugeben.

Sie zeigen überhaupt wenig Neigung, in den Totengesang auf das abgestorbene Individuum einzustimmen. Sie annoncieren vielmehr seine Metamorphose. Eigenart und Eigensinn werden heute nicht mehr durch Selbst- und Weltgestaltung hervorgetrieben. Der Fundus der Gestaltungsmöglichkeiten für den einzelnen sei zugegebenermaßen aufgebraucht. Das moderne Individuum besondere sich nicht durch Schaffens-, sondern durch Wahlakte. Im Vergleich zu dem engen Radius, der ihm durch die Reichweite seiner Schaffenskraft gesetzt war – sei er nun Bauer, Handwerker, Künstler oder Denker gewesen –, sehe der Mensch sich heute einem Universum von Wahlmöglichkeiten gegenüber. Nicht mehr das Richtige oder Falsche zu tun, sei die entscheidende Lebensfrage, sondern das Richtige oder Falsche zu wählen. Die Individualität werde nicht mehr mit der Mühe des Werkes, sondern mit der Qual der Wahl erkauft.

Diese Quälerei sei tatsächlich in jeden Winkel der menschlichen Existenz gedrungen: Entscheidungen sind zu treffen über die Farbe des Lippenstiftes, den Urlaubsort, das gutsortierte Versicherungspaket, den aussichtsreichen Ausbildungsgang, sogar über das eigene Äußere, und zwar nicht nur das, das einem in den Kleidern hängenbleibt; vielmehr ist der Körper selbst eine Designeraufgabe. Das Individuum steht vor der schwierigen Aufgabe, sich sein Weltbild aus den Bildwelten von demnächst 500 Fernsehprogrammen plus den ungeheuren Informationsmengen, die in den Datenbanken auf Abruf warten, zusammenzusetzen. Es muß eine bekömmliche Auswahl aus dem verfügbaren Religionsmenü treffen, um sein Trostbedürfnis zu bedienen. Die schwierige Partnerwahl steht im Laufe eines Durchschnittslebens mehrfach an, und in Zukunft wird auch noch die genetische Ausstattung seiner selbst und seiner Kinder zur Disposition stehen.[31]

«Die am einfachsten scheinende Frage ist die schwerste: Was will ich? Für den Esel zwischen zwei Heuhaufen, den Fernsehkonsumenten (...) zwischen ARD und ZDF, war dieses Problem leicht zu lösen; (...) Im Jahr 2000 ist das Kinderspiel vorbei. Die Anforderung, in einem unendlich wirkenden Möglichkeitsraum Ziele für sich selbst zu definieren, ist philosophischer Natur. (...) Die Explosion der Wahlmöglichkeiten katapultiert die Konsumenten aus dem warmen Biotop der Fernsehidiotie der achtziger Jahre hinaus. *Fröstelnd spüren sie den kalten Wind der Selbstverantwortung.* (Hervorhebung M. G.) Vorbei die Zeiten, als man noch irgend etwas vorgesetzt bekam und entweder dieses oder nichts konsumieren mußte. Zur Selbstreflexion gezwungen wird der angeblich Ver-

31 Vgl. hierzu: Gronemeyer, Reimer: Ohne Seele, ohne Liebe, ohne Haß. Vom Ende des Individuums und vom Anfang des Retortenmenschen, Düsseldorf/Wien/New York/Moskau 1992, S. 142 ff.

führte endgültig zum Hauptakteur.» Der Konsument wird «tonangebend wider Willen». Die «Legende von der Passivität des einzelnen im Mediendschungel» muß zerstört werden. «Das vermeintliche Opfer fungiert als heimlicher Boß.»[32]

Die Ära der Gestaltungen ist abgeschlossen. Auf Ungemachtes treffen die Subjekte nirgends mehr. Die Ära der Benutzung und Bedienung ist angebrochen. Das Schicksal der Individuen wird sich jetzt daran entscheiden, ob sie eine breitgefächerte Bediener- und Benutzeridentität ausbilden. Individualität wird zusammengesetzt aus industriell gefertigten Teilstücken in der Machart des Lego-Systems. Das ist jedoch kein Grund zum Kulturpessimismus und zur bildungsbürgerlichen Konsumentenschmäh. Dem modernen Individuum, so seine Verfechter, ist vielmehr eine anspruchsvolle Kompositionsaufgabe zugewachsen. Konsumismus und Kreativität vertragen sich besser, als die Sauertöpfe glauben. Das Lamentieren um den Verlust der Verantwortlichkeit der Individuen ist ebenso unbegründet. Wann war je der einzelne für sein Gesicht so verantwortlich wie unter der Bedingung der entfesselten Angebotsvielfalt.

Diese Auffassung vom Individuum korrespondiert sehr artig mit dem, was der «Wirtschaftsstandort Deutschland» der Schule abverlangt: Funktionärstugenden, die geschmeidige und elegante Anpassung an die Erfordernisse der Gerätewelt. Dem einzelnen ist dringend abzuraten, ehrgeizig auf der Beherrschung und Durchschauung der Kollektivprodukte zu bestehen, vielmehr sei empfohlen, sie souverän zum eigenen Vorteil zu nutzen, sie zu bedienen, um sich von ihnen bedienen zu lassen. Benutzen statt beherrschen, das ist das Fazit. Was im Umgang mit der ersten Natur seit dem Anbruch der Moderne gänzlich intolerabel erschien, im Reich der gemachten Dinge scheint es das Gebotene.

Tatsächlich hat sich um die Schulfrage eine große Koalition der Einverstandenen gebildet. Allenfalls befehden sich die bedenkenlos Einverstandenen mit den bedenklich Einverstandenen. Die

---

32 Schulze, Gerhard: Just in time. Das Medienspiel der Zukunft, in: *Frankfurter Rundschau* vom 23. Juli 1994.

Debatte scheint um so aufgeregter, je geringfügiger der Anlaß und der Dissens. Tatsächlich steht die Unterminierung der Person und ihre Subsumierung unter die Belange des rasenden Fortschritts nicht zur Diskussion. Tatsächlich streiten nicht die Einverstandenen mit den Nicht-Einverstandenen. Es steht nicht ein Plädoyer für *Ausbildung*, will sagen: für fugenlose Einpassung der Lernenden in die Anforderungsprofile der industriellen Arbeits- und Freizeitwelt, einem Eintreten für Besonderung und Eigenart, für *Bildung* also, gegenüber, für eine Bildung, die nicht nur Ausstaffierung mit dem meint, was man nach gängiger Ansicht einmal wird brauchen fürs eigene Fortkommen.

Es herrschen lediglich unterschiedliche Auffassungen darüber, wie die Lernenden auf das, was ihnen abverlangt werden wird in einer komplexen industriellen Gesellschaft, am besten, also mit den geringsten Reibungsverlusten, vorbereitet werden können. Und da interessieren sich die einen mehr dafür, wie der Gesellschaft Reibungsverluste erspart werden können, während sich die andern mehr um das glimpfliche Durchkommen der Lernenden sorgen. Die einen trauen sich, herauszurücken mit rüden Anpassungsforderungen, die die Selbstbehauptungsansprüche der Individuen von vornherein ins Unrecht setzen. Die andern wollen für das zur Unterwerfung verurteilte Einzelwesen wenigstens mildernde (Begleit-) Umstände herausschlagen. Die einen wollen die radikale Durchrationalisierung der Schule realisiert sehen. Die andern sehen in der Schule doch eher einen Vorhof des Lebensernstes, einen Schonraum, in dem noch ein wenig mehr in die Breite gegangen werden kann und soll, zum Wohle übrigens auch der übergeordneten allgemeinen Belange. Sie favorisieren flexiblere Formen der Anpassung und räumen den Gewöhnungsbedürfnissen der Lernenden ein Recht ein. Sie wollen die Sache des Lernens bei den Lernenden nicht von vornherein in Mißkredit bringen, sondern die Schule doch und trotz alledem für die Insassen zu einem wirklichen Ort machen; ihr sogar gegenüber dem überdrehten Tempo da draußen ein wenig Retardierung erlauben. Insbesondere, weil sich solche Nachgiebigkeit am Ende auszahlen wird, wenn die Schüler nicht vollständig demoralisiert und demotiviert, wie es im pädagogischen Neudeutsch heißt, «ins Leben treten», sondern eben ausgestattet mit den vielgepriesenen Schlüsselqualifikationen.

Die vom inflationären Gebrauch schon abgewetzten Begriffe der Bedürfnis- und Erfahrungsorientierung, Kritikfähigkeit und Mündigkeit, Eigenständigkeit und Selbstbestimmung können jedoch in diesem Kontext nicht darüber hinwegtäuschen, daß es dabei um die Bestandssicherung dessen geht, was sowieso im Gange ist. Die Schlüsselqualifikation der Kritikfähigkeit ist dazu verläßlicher als jedes beifällige Kopfnicken geeignet. Sie ist als Haltung des Widerstands gegen den verhängnisvollen Fortschritt, von der Adorno sprach, untauglich. Sie befähigt allenfalls dazu, Wege zu suchen, wie man es noch eleganter und störungsfreier machen könne, nicht dazu herauszufinden, was man überhaupt nicht machen darf. Hierzu nämlich bedürfte es keiner Schlüsselqualifikationen, sondern der Haltungen des Zweifels, der Verzweiflung, der durchdringenden Skepsis, des Bewußtseins von Schuld, der Scham, des Entsetzens, des Bereuens, der Demut, der Ungewißheit, des Willens zur Selbstbegrenzung statt zur unaufhaltsamen Selbststeigerung, der Erinnerung, der Besorgnis um sich, die andern und die Welt, auch der Begeisterung, der Leidenschaft und der Freundlichkeit; Eigenheiten von Personen und nicht Qualitäten von Merkmalsträgern.

Das sind große Worte, gewiß, kaum über die Feder zu bringen, aber mit kleineren ist der Widerstand gegen das unbeeindruckte «Weiter so» und gegen das forsche Vorwärtsstürmen der apokalyptischen Dreifaltigkeit, Wissenschaft, Technik und Ökonomie, nicht namhaft zu machen.

In der Schuldebatte kommen diese Worte kategorisch nicht vor, nicht weil sie zu groß sind, sondern weil einerseits die Schule es mehr mit der beflissenen Modernisierung hält und weil andererseits nichts von dem, was diese Worte benennen, mit schulischen Mitteln lernbar und lehrbar wäre. Quod erat demonstrandum. Wäre die Schule wirklich parteiisch für die Person des lernenden Schülers, dann hätte sie sich mit aller Kraft, sogar der Aussichtslosigkeit zum Trotz, dem Konsumismus entgegenzustemmen. Täte sie das, dann müßte sie sich selbst auflösen, denn sie hat die Bildung als Konsumgut verpackt und ist ein Monument des Konsumismus. Wollte sie der Gleichmacherei etwas entgegensetzen, dann würde sie sich den Boden unter den Füßen wegziehen, denn ihre Hegemonie in Sachen Bildung basiert auf der Gleichmacherei zwecks Vergleichbarkeit ihrer Zöglinge.

Schöne neue Bildungswelt

Kapitel VI

oder: *Die Schule im Zeitalter ihrer technischen Reproduzierbarkeit*

Das Erbe schon angetreten?

Zum Montag, dem der unbeständigen Luna geweihten Tag, gehört sprichwörtlich die Bläue. Er ist der Tag, an dem alle Welt «blaumacht», das heißt, die Arbeit vernachlässigt. Das weiß jedes Kind. Wer ein Montagsauto erwischt hat, der hat Pech gehabt, es ist von Anfang an nicht neuwertig. Der Käufer muß mit ärgerlichen Fehlfunktionen und Ausfällen rechnen. Das Montagsauto ist die Gerät gewordene Panne, eben weil seine Produzenten sich bei seiner Montage im Zustand der Montäglichkeit befanden, will sagen, den Sonntag noch in den Knochen hatten.

Das Anrecht auf den blauen Montag stammt aus der Zeit der Verlagsarbeit, in der die kleinen Bauern, deren Hof sie nicht ernährte, sich ein Zubrot verdienen mußten durch Spinnen oder Weben im Auftrag eines meist ruchlosen Textilunternehmers. Am Samstag war der Abgabetag für die fertige Ware. Der Sonntag war Feiertag, den Montag gönnte man sich. Das war das Privileg der freien Verfügung über die Zeiteinteilung, das den Bauern in ihrem ansonsten vom Zwang der Not diktierten Leben geblieben war. Am Dienstag war der Zeitdruck schon empfindlich spürbar, und mit zunehmender täglicher Arbeitsstundenzahl wurde bis zum Freitag, an dem sogar beim Schein der Öllampe bis in die Nacht geschafft werden mußte, das Arbeitspensum für den gestrengen Ausbeuter erledigt.

Mit einer Variante des blauen Montags plagen sich heutige Lehrer herum. Kaum ein Lehrer, der nicht am Montagmorgen mit einem Stoßseufzer in den Tag blinzelte und inbrünstig wünschte, er möge vorüber sein, bevor er noch richtig angefangen habe. Die Lehrer erwartet montags in der Schule nichts Gutes: eine vom wochenendlichen Fernsehkonsum, der häufig den größten Teil der wach verbrachten Zeit beansprucht hat, aufgeheizte und völlig überdrehte Schülerschar. Die Unmöglichkeit, Unterricht zu halten, ist offensichtlich: «Wie gesagt, Montagmorgen, erste Stunde; (Lateinkurs mit Fünftkläßlern); die Präpositionen mit dem Ablativ sind dran; ich möchte anfangen; Ingo redet mit seinem Nachbarn. Ich rufe ihn auf – dreimal; er hört nicht, so heftig bewegt ihn, was er da dem Martin erzählen will. Ingo ist ein intelligentes, nervöses, gutwilliges Kind. Sofort geht er auf meine Aufforderung ein, uns doch alles zu erzählen, was ihm da so wichtig sei. ‹Gestern im Fernsehen...› platzt es aus ihm heraus. Die Klasse wendet sich ihm zu, sie wird mucksmäuschenstill, sie weiß offenbar, worum es jetzt geht. Ingo beginnt: ‹Also, da ging die Tür auf, und da kam der rein, und da sieht er den, und dann boing und bang und zzschsch...› Er kann nicht erzählen; er kann nur diese Gesten machen, die *comic-sounds* ausstoßen. Das Chaos, das in ihm ist, wird er so nicht los. – Latein ist Sprachunterricht. Ich gebe guten Gewissens mein heutiges Pensum preis und helfe Ingo, für *sein* Erlebnis *seine* Sprache zu finden; ... ‹Also Ingo, jetzt mal der Reihe nach: Wer kam da rein, wo kam er rein, wen hat er gesehen, was hat er gemacht...› So buchstabieren wir uns durch seine Vorstellung hindurch – eine Stunde lang. Alle Schüler helfen mit. Es gibt unterschiedliche Wahrnehmungen, unterschiedliche Bewertungen, unterschiedliche Ausdrucksformen dafür. Das Gespräch setzt viel Erregung frei. Mein Nachfolger in der zweiten Stunde wird normalen Unterricht halten können.»[1]

Bildschirmbildung: Die Konkurrenz der Medien

Die Montagsepisode, die Hartmut von Hentig, milde resigniert sich ins Unabänderliche fügend, beschreibt, repräsentiert eine ziemlich heruntergekommene Version des pädagogischen Traums: Der Lehrer als Therapeut an den jugendlichen TV-Lunatics. Oder, schlimmer noch: als subalterne Charge auf dem Bildungstheater, das

1 Hentig, Hartmut von: Die Schule neu denken, München 1993, S. 30.

vom Fernsehen beherrscht wird. Lehrer müssen sich heutzutage wohl oder übel daran gewöhnen, daß ihnen im Fernsehen ein mächtiger Konkurrent erwachsen ist, der über Möglichkeiten der Einflußnahme auf Hirn und Herz von Jugendlichen zu verfügen scheint, die alles, was traditionelle Pädagogik sich zutraute, in den Schatten stellen. Fast ist es bei dieser Überlegenheit schon eine Selbstüberschätzung, überhaupt in Kategorien der Konkurrenz zu denken. Schule und Fernsehen bestehen nicht einfach als zwei Bildungsagenturen, die mit ihren je eigenen Mitteln um die jugendlichen Bildungsaspiranten werben, nebeneinander. Vielmehr regiert das Fernsehen, wie die geschilderte Szene beweist, längst in die Schule hinein und nötigt die Lehrer zu reagieren, anstatt ihren eigenen Absichten nachzugehen oder, um es realistischer zu formulieren, dem Lehrplan nachzukommen.

Hartmut von Hentig beschreibt die ihm aufgenötigte pädagogische Intervention als Wiederherstellung der Ordnung in den Köpfen der Kinder und als Instandsetzung der zerstückelten und zerfetzten Sprache. Ich denke, es ist mehr als das: Es ist der zum Scheitern verurteilte Versuch, die Integrität des Raumes wiederherzustellen. Die Medien, vom Telefon über das Radio, das Fernsehen und den Computer, sind invasiv. Sie verschaffen sich energisch auch ungebeten Zutritt. Sie haben die Schutzhüllen, die einst der Abschirmung des Innen gegen das Außen dienten, durchlöchert wie einen Schweizer Käse.[2] Sie mogeln sich am zensierenden Bewußtsein der Subjekte ebenso vorbei wie an Türstehern, Conciergen und Portiers. Medien haben konstitutionell freie Passage. Das Markenzeichen, insbesondere des Fernsehens, ist seine Omnipräsenz. Die Tür, jene Kontrollstation, an der der kleine Grenzverkehr zwischen innen und außen abgewickelt wurde, an der Zutrittsbedingungen ausgehandelt und Entscheidungen darüber gefällt werden konnten, wem man Einlaß gewähren und vor wem man sich verriegeln wollte, hat im Medienzeitalter aufgehört, eine wirksame Barriere zu sein. Und die Fenster, die einmal in umgekehrter Richtung die Nahtstelle der Verbindung

2 Flusser, Vilém: Nomaden, in: Haberl, Horst Gerhard, u. a. (Hg.): auf, und, davon. Eine Nomadologie der Neunziger, Graz 1990, S. 23.

von innen nach außen waren, die Maueröffnung, an der man aus eigenem Entschluß Blickkontakt zur aushäusigen Welt aufnahm, ohne doch die bergende Hülle des Hauses verlassen zu müssen, werden sinnigerweise immer häufiger mit jenen großen «Schüsseln» zugestellt, in denen die Weltmenüs angerichtet und frei Haus geliefert werden und die den Bewohnern die Begegnung mit der Wirklichkeit, die unweigerlich «weh tut», ersparen sollen.[3]

Sowenig wie vor den sogenannten eigenen vier Wänden machen die Medien halt vor den Schulmauern, und zwar völlig unabhängig davon, ob die Lehrer sich ihrer als Unterrichtsmedium bedienen oder nicht. Das Fernsehen wird in den Köpfen der Schüler eingeschleppt ebenso wie in denen der Lehrer, die man sich natürlich auch nicht fernsehkeusch vorzustellen hat, weshalb die Frage berechtigt ist, ob nicht der Bock zum Gärtner gemacht wird, wenn die Lehrer ihre Schüler über den rechten Umgang mit dem gefährlichen Medium belehren wollen und sollen.

Gegen die infame «Eindringlichkeit» und raumgreifende Allpräsenz des Fernsehens ist freilich das montagmorgendliche Sprachexerzitium, mit dem Hartmut von Hentig das von dem Giganten angerichtete Chaos zu bändigen versuchte, ein schwächliches, allenfalls kurzfristig wirksames Mittel: Gefahr erkannt, aber nicht gebannt.

Sind aber nicht vielleicht ohnehin die aufgeregten Warnungen und Unheilsprognosen, das infektiöse Unwesen des Fernsehens betreffend, eine pädagogische Spezialität und leicht durchschaubar obendrein? Wen wundert's, daß die pädagogische Expertenkaste empfindlich reagiert, wenn ihr Bildungsmonopol auf dem Spiel steht? Die angeschlagene Pädagogenzunft macht in Sachen Fernsehkritik keine gute Figur. Ihre Argumente haben etwas von letztem Aufgebot zur Selbstrettung in äußerst bedrängter Lage. Man mag den guten Gründen nicht recht trauen, wenn sie der Verteidigung der alten Pfründen so offenkundig dienlich sind.

Taugt nicht vielmehr das Fernsehen dazu, das Bildungsmonopol

3 Chargaff, Erwin: Mein Gang nach dem Eisenhammer, in: *Frankfurter Rundschau* vom 12. August 1995.

der Schule zu brechen? Sein Verbreitungsgrad spricht dafür. Niemand wäre ausgeschlossen von der Teilhabe, nachdem das Fernsehgerät anerkanntermaßen zur unverzichtbaren Grundausstattung menschlicher Existenz gehört, von dem nach deutschem Sozialhilferecht sogar der Gerichtsvollzieher seine begehrlichen Finger lassen muß, da es den Rechtsanspruch auf ungehinderte Information eines jeden Bürgers verkörpert.

Noch anderes scheint dafür zu sprechen, daß sich das Fernsehen zum Monopolbrecher eignet. Der audiovisuelle Gesamtinformant kennt keine Ausleseverfahren und verteilt keine Zensuren. Ferner: Die Teilnahme ist freiwillig. Das garantiert jener Ausschaltknopf, von dem zugegebenermaßen kein ausreichender Gebrauch gemacht wird. Schließlich hat man auch noch die Möglichkeit, sich nach eigenem Gusto und jeweiliger Befindlichkeit sein individuelles geistiges Pensum aus einer beachtlichen Angebotsfülle zurechtzuschneidern. Das alles sieht der Situation des Sich-Bildens ziemlich ähnlich und ist doch nur ein schlechtes Imitat. Es gibt sie natürlich, die guten Gründe gegen das TV-Medium, wenn auch die Schule nicht gerade berufen ist, sich als seine unschuldige und heilsame Alternative zu empfehlen.

Die Schule, darauf befragt, was sie zur Bildung beizusteuern hat, steht – das wäre als Zwischenergebnis erst einmal zu resümieren – ziemlich armselig und mit leeren Händen da. Die bis zum Überdruß erörterte Frage, ob die Schule noch zu retten ist, ist allem Anschein nach nicht scharf genug gestellt. Radikalisiert würde sie zur Diskussion darüber einladen, ob die Schule gerettet werden *soll*. Diese Frage wurde bereits in den siebziger Jahren von scharfzüngigen Kritikern mit einem couragierten «Nein, danke» beantwortet. Dem wäre nichts hinzuzufügen, und mit einer gewissen Genugtuung könnte man feststellen, daß die Schule nicht von ihren Gegnern, sondern von ihren Betreibern – und zwar mit bewundernswürdiger Konsequenz – zugrundegerichtet wurde und daß es des revolutionären Schlages nicht bedurfte, um ihr das Lebenslicht auszublasen. Wäre nicht eine unheilige Allianz aus Medienkonzernen, Biotechnologie und Gewissenlosigkeit geradezu versessen darauf, die Schule als Bildungsinstitution zu beerben, dann könnte man ihr ungetrübter Laune einen

Nachruf zu Lebzeiten verpassen. Was jedoch nach dem Niedergang der Schule am Horizont aufzieht, ist kein Silberstreif, sondern düster genug, um über die Rettung der Schule oder über etwas, das ihr möglichst wenig ähnlich sieht, ins Grübeln zu kommen.

Einer der Erbschleicher, der auf das Ableben der Schule lauert, ist also das Fernsehen. Die Ansichten über die Art und das Ausmaß der Gefahren, die vom Fernsehen ausgehen, driften weit auseinander. Sie reichen von ernstester Besorgnis, einer galoppierenden Volksverdummung und eines grassierenden Sprachverfalls wegen, über ein halb widerwilliges Arrangement mit dem Kontrahenten, dem Paroli zu bieten man sich nicht traut, bis hin zu einer etwas süffisanten Affirmation der neuen Jugendkultur, die sich zum Verdruß der einstweiligen Platzhalter einen Teufel um die gültig definierten Bildungsstandards schert und ihr eigenes kulturelles Ding dreht.

Beunruhigung von der düstersten Art äußert Erwin Chargaff über die bildschirmgetrimmten Generationen, wenn er eine infektiöse Denkfaulheit sich epidemisch ausbreiten sieht und befürchtet, daß das, was «da heranwächst, (…) selbst dem amerikanischen Fernsehen gedanklich nicht gewachsen sein» wird.[4]

Daß das *Fernsehen*, das dem Wort schon von seiner Beschaffenheit her abhold und ganz auf die Wirkung der Bilder berechnet ist, einen verheerenden Einfluß auf die Sprachmächtigkeit der TV-Gemeinde hat, ist eine Diagnose bereits aus den Kindertagen des Mediums: «Der Sprache aber werden die Menschen durchs Fernsehen noch mehr entwöhnt, als sie es auf der ganzen Erde heute schon sind. Wohl reden die Schatten auf dem Fernsehschirm, aber ihre Rede ist womöglich noch mehr Rückübersetzung als die im Film, bloßes Anhängsel an die Bilder, nicht Ausdruck einer Intention, eines Geistigen, sondern Verdeutlichung der Gesten, Kommentar der Weisungen, die vom Bild ausgehen.»[5]

Uns geht die Sprache aus. Das kündigt sich in einer wahren Flut von Piktogrammen für alle Lebenslagen eindrücklich an. Mit der

4 Ebenda.

5 Adorno, Theodor W.: Prolog zum Fernsehen, in: ders.: Gesammelte Schriften Bd. 10/2, Frankfurt 1977, S. 512.

Gewöhnung an Bilder und «Sound» und mit der Abgewöhnung der Wörter werden wir, noch ein wenig unbeholfen, aber mit einer Tendenz zur größeren Raffinesse, auf eine sprachlose Zukunft sanft eingestimmt. Der Schriftsteller Jurek Becker wirft nicht nur dem Fernsehen, sondern auch dem *Rundfunk*, also dem traditionellen Wort- und Hörmedium, vor, dem Verschwinden der Wörter aus seinen Programmen tatenlos zuzusehen. Oder mehr noch, mit einer fadenscheinigen Berufung auf den Publikumsgeschmack, der wegen der vergötzten Einschaltquoten Letztinstanzlichkeit in Entscheidungen über die Programmgestaltung beanspruchen darf, sich zu gebärden, als hätte er es «mit einer Nation von Hilfsschülern zu tun, für die Nachdenken nichts als Folter bedeutet». Der «Rausschmiß der Wörter», dessen sich die Medien leichtfertig schuldig machen, zieht automatisch den «Rausschmiß der Gedanken» nach sich. Und: «Nichts fördert die allgemeine geistige Bedürfnislosigkeit so gründlich wie ein Programm, dessen oberster Grundsatz es ist, sich nach den durchschnittlichen geistigen Bedürfnissen zu richten.»

Dabei steht mehr auf dem Spiel als ein kultureller Niveauverlust, den die gebildeten Schichten naserümpfend registrieren mögen: «Viele Fehlentwicklungen in unserm Land zumal unter jungen Leuten sehe ich mit dem Zustand des Rundfunks (wieviel mehr des Fernsehens, M. G.) in Zusammenhang. (...) Es wird ringsum immer weniger verstanden und immer mehr empfunden – das ist die Methode der Sprachlosen, um den Bedrohungen des sogenannten Alltags zu begegnen. (...) Damit wird nichts anderes behauptet, als daß das allmähliche Verschwinden der Wörter (...) mitverantwortlich für Rechtsradikalismus und Gewalthinwendung in unserer Gesellschaft ist. Und es stellt kein Gegengewicht dazu dar, wenn von Zeit zu Zeit der Moderator eines Jugendmagazins ins Mikrofon hineinsagt, Ausländerfeindlichkeit sei mega-out. Nicht so sehr das Ausbleiben von Orientierungshilfen ist das Problem, viel schwerer wiegt, daß die Fähigkeit verkümmert, sich selbst um Orientierung zu bemühen.»[6]

Wieder andere um die Zukunft der Bildung Besorgte legen

6 Becker, Jurek: Die Worte verschwinden, in: *Der Spiegel* 2/1995, S. 158 ff.

Gewicht auf den Umstand, daß das Fernsehen mit seiner Tendenz zur Beschleunigung jede Form der Nach-denklichkeit unterbinde. Zu seinem Metier gehört das Zeitraffen, die Zusammenziehung allen Geschehens in eine lückenlose Aneinanderreihung dramatischer Höhepunkte, oder besser dessen, was in unbedenklichster Willkür, allenfalls unter dem Diktat andernorts kreierter Moden, zum dramatischen Höhepunkt ausersehen wurde. Dadurch ist dem Betrachter die Sondierung des Dargestellten nach wichtig und unwichtig abgenommen, da alles ihm Gebotene gleich wichtig und damit gleich belanglos ist. Das ist eine Lektion, die sich verheerend auf das Wirklichkeitsverständnis der Zuschauer, jung oder alt, auswirken mag.

Daß das Vermögen, zwischen Wirklichkeit und Medienrealität zu unterscheiden, bei Kindern und Jugendlichen bis zur Schwundstufe zurückgebildet ist, ist empirisch belegt, wenn man auf empirische Belege etwas geben will, und ruft ebenfalls die Warner und Mahner auf den Plan, die das Fernsehen zum Bildungsfeind ersten Ranges deklarieren; insbesondere wegen der fortschreitenden Vernetzung der Computerwelt mit der Fernsehwelt, durch die der perfektionierte Illusionismus zur Herrschaft über die Wirklichkeit gelangen wird: «Fiktionen und Wirklichkeit mischen sich, vor allem bei Kindern. Die jüngste Generation nimmt Kriegsfilme und Kriegsnachrichten auf, als seien sie ein und dasselbe. Der Unterschied zwischen einem Mord im Krimi und einer tatsächlichen Tötung erschließt sich ihnen nur, wenn Erwachsene ihn erklären.»[7]

Woher nehmen wir aber die Zuversicht, daß die Erwachsenen der Unterscheidung noch mächtig sind. Natürlich können sie, durch «Erfahrung» gewitzt – notfalls hilft ein Blick ins Programmheft – mit einiger Treffsicherheit identifizieren, welche der vorbeischießenden Szenerien[8] sie als getreue Abschilderung der Wirklichkeit deuten sollen und welche als drehbuchgerechtes Bühnenbild

Vgl. dazu auch: Eisenberg, Götz, und Reimer Gronemeyer: Jugend und Gewalt, Reinbek 1993.

7 Degler, Hans-Dieter: Wissenszwerge unter Druck, in: *Der Spiegel* 14/1993, S. 151.

8 Paul Virilio zufolge wird jenseits einer bestimmten Geschwindigkeit alles zum Geschoß, also auch Bilder.

für die Filmhandlung. Auch sind sie in der Lage, die richtige Einstellung zu dem Dargebotenen auf Anhieb zu mobilisieren und sich das eine Mal informiert und das andere Mal unterhalten zu fühlen. In «Wirklichkeit» aber sind sie in beiden Fällen «Augenzeugen» einer entwirklichten, vollständig konstruierten Wirklichkeit. Wenn wir uns einen Augenblick lang an die mediale Aufbereitung des Golfkriegs erinnern, dann vergeht uns vielleicht die pausbäckige Überzeugtheit, wir seien unserer Bildwelten noch Herr, könnten schiedlich und friedlich das eine, nämlich die Simulation, vom andern, von der Realität, trennen und könnten die Jungen lehren, es auch zu tun. «Untersuchungen in Schweden ergaben, daß bereits 40 Prozent der Kinder zwischen sechs und zehn Jahren davon überzeugt sind, daß Menschen ausschließlich durch Mord und Totschlag sterben. Was das Fernsehen zeigt, gilt als wirklich. (...) video, ergo est: Ich sehe, also ist es.»[9]

Das Spiel mit virtuellen Welten vom Kaliber des Cyberspace wird es künftig noch schwerer machen, verläßlich darüber Auskunft zu geben, wer der TV-Kunde denn nun sei: Betrachter, Voyeur, Mitspieler, Regisseur oder Produzent, Manipulierter oder Manipulator, in Anwesenheit abwesend oder – umgekehrt – in Abwesenheit anwesend, oder vielleicht überhaupt niemand mehr, aufgelöst in die Virtualität, verschwommen, konturlos, als Person verschwunden?[10] Und die Wirklichkeit? Ist sie nicht schon jetzt nur mehr Statisterie in der globalen Fernsehinszenierung? Wer sich heute *Gehör* verschaffen will, muß sein Anliegen fernsehgerecht ins *Bild* setzen. Wirklich ist, was Wirkung zeitigt; dazu ist, so wie die Dinge liegen, nur noch das Medium fähig. Was «sich ereignen» will, muß sich seiner bedienen, es muß – ein Widerspruch in sich – «Medienereignis» werden. Es wird als «Ereignis» ausgelöscht, um als Produkt wiederaufzuerstehen. Durch diese Metamorphose wächst ihm

9 Ebenda.

10 Wenn es künftig sogar «Seh-Maschinen geben wird, technische ‹Augen›, die an unserer Stelle (...) sehen, das ‹Gesehene› (...) analysieren und (...) interpretieren», dann ist die Rolle des Betrachters endgültig unbesetzt. Vgl. Müller, Bettina: Die Okulartyrannis, Diplomarbeit an der Fachhochschule Wiesbaden 1995.

Bedeutung und Wichtigkeit zu. Im Fernsehen fallen die Entscheidungen über Haupt- und Nebensachen der Weltläufte, über Berichtenswertes und Vernachlässigbares. Die Geschehnisse müssen sich nach dessen Decke strecken. Es ist also gar nicht so einfach, sich selbst und andern zu erklären, wo im Medienzeitalter die Wirklichkeit aufhört und der Schein beginnt.

Wir Zeitgenossen des Fernsehens taumeln zwischen mindestens drei verschiedenen Konstruktionen der Wirklichkeit umher. Erstens ist da jene Wirklichkeit, an die wir unsanft anstoßen, die wir uns in Abertausenden von Weltbegegnungen zu eigen machen, die wir erleben, erfahren, erdenken, erfühlen, erleiden, ersinnen und mit Sinn belegen müssen und von der wir zugleich ein Teil sind. Sie stellt sich für jeden anders dar, weil jeder sie mit Augen betrachtet, die eine Geschichte haben, sie als schon Erfahrener erfährt, als Wissender erkennt, als jemand, der durch Erlebnisse geprägt ist, erlebt.

Die unter soviel Mühe zustande kommende Wirklichkeit ist hoffnungslos antiquiert und bereits ein Nebenschauplatz des In-der-Welt-Seins. Sie wird überlagert von jener andern, die das Medium für das getreue Abbild einer wirklicheren, weil von subjektiven Beimischungen gereinigten Wirklichkeit ausgibt und die vergessen läßt, daß «ins Duplikat der Welt unauffällig (eingeschmuggelt wurde), was immer man für der realen zuträglich hält»[11].

Zum Zustandekommen dieser Realität müssen die Teilnehmer keine Eigenleistung beisteuern, in ihr müssen sie sich auch nicht stolpernd und strauchelnd zurechtfinden; ihr Platz darin ist ihnen vorsorglich angewiesen, und wenn man der einschlägigen Werbung traut, haben sie das große Los gezogen: Alle sitzen immer in der ersten Reihe und können dem Wirklichkeitsspektakel, das vor ihnen aufgeführt wird, aus allernächster Nähe folgen und es doch auf objektivierende Distanz halten. Gerade weil sie keine Tuchfühlung mit den Ereignissen haben, dürfen sie sich als Augenzeugen mit Übersicht, als Weltbetrachter im Weitwinkel fühlen, die die Zerrperspektive der allzu Involvierten vermeiden. Dies ist die Wirklichkeit der *Tagesschau*, der Nachrichten aus aller Welt, der die Zu-

11 Adorno, Theodor W., a. a. O., S. 507.

schauer ihre «Informiertheit» zu verdanken glauben und die sie sich ins Haus holen in der Überzeugung, «daß sie nicht ihrem Vergnügen nachgehen, sondern eine staatsbürgerliche Pflicht erfüllen»[12].

Und schließlich ist da noch die Wirklichkeit der Fiktion, die sich zu ihrem fiktiven Charakter bekennt und erklärtermaßen nicht mehr und nicht weniger sein will als Unterhaltung durch «Geschichten, die das Leben schrieb», in denen es zugeht «*wie* im wirklichen Leben», komponiertes und nachgestelltes Lebensdrama; sei es Tragödie, sei es Seifenoper, ernst oder seicht, Kunst oder Kitsch. Auch die offenkundigste Fiktion ist jedoch enorm realitätsträchtig. Sie ist der Stoff, aus dem die Leitbilder zugeschnitten werden, die die Jugendlichen – und nicht nur sie – dazu verleiten, reine «Drehbuchexistenzen»[13] zu führen; immer schon zu wissen, wie das Leben spielt, lange bevor sie es selbst erfahren haben, und, indem sie den Bildern nachzuleben versuchen, auch Fiktion zur Wirklichkeit werden zu lassen.

Zurück zum Augenschein

Die Entwirklichung der Wirklichkeit läßt sich, wie wir heute wissen, sogar noch weiter treiben. Wie willkürlich zusammengemanscht und imaginär das wirklichkeitstümelnde Bild der Welt, das der Bildschirm bietet, auch immer sein mag, es ist doch immer noch auf die Existenz des Abgebildeten, das ihm als Vorlage dient, angewiesen. Die Bilder verweisen auf ein Reales, sie bedürfen des Wirklichen als ihres Substrates. Den Abbildern muß bei aller durch Schnitt, Montage und Tempo gegebenen Fälschungsmöglichkeit irgendwo und irgendwann ein Gegenstand eines höheren Härtegrades entsprochen haben.

Der neueste Stand der Bildtechnologien macht jedoch die Realität als das Abzubildende überflüssig. Er erlaubt die Herstellung *rei-*

12 Buddemeier, Heinz: Illusion und Manipulation, Stuttgart 1987, S. 137.
13 Stubenrauch, Herbert/Ziehe, Thomas: Plädoyer für ungewöhnliches Lernen, Reinbek 1982, S. 401.

ner Bilder, die lediglich Träger von Zitaten und Erinnerungsspuren kleinteiligster Wirklichkeitsfragmente sind. So können heute schon Filmschauspieler ihre Schauspielkarriere posthum fortsetzen und weiterspielen auf der Leinwand, so als sei der Tod ein vernachlässigbarer Zwischenfall, von dem man sich keinesfalls irremachen lassen muß. Einen Schauspieler, der unlängst während der Dreharbeiten zu einem kostenaufwendigen Film plötzlich hinweggerafft wurde, ließ man seine Arbeit als Computersimulation ungerührt zu Ende bringen, um ein ökonomisches Desaster zu verhindern. «Augenzeugen» versichern, daß der Bruch zwischen den Filmsequenzen, in denen der leibhaftige Schauspieler agierte, und jenen, in denen sein computererzeugter Schatten die Leinwand füllte, nicht erkennbar gewesen sei. Welcher Wertschätzung sollte sich bei so perfektem, komfortablem und leicht lenkbarem Ersatz das, was in unserem Sprachgebrauch zur Zeit *noch* «Wirklichkeit» heißt, erfreuen dürfen? Können Lehrer unter so verwirrenden Umständen ihrer Kompetenz als Wirklichkeits-Belehrer tatsächlich noch sicher sein? Was haben sie den Jugendlichen an Realitätsnähe bei genauer Betrachtung voraus? Warum sollte ausgerechnet ihr Blick der Verwirrung und Verwechslung standhalten?

Wenn aber die Wirklichkeitsinsassen in stufenlos geregelten Übergängen zwischen Realität und Virtualität hin- und herschwimmen, ist an Urteilsfähigkeit nicht mehr zu denken. In diesem Changement, in dem der Härte der Gegenstände immer ausgewichen werden kann, wuchern die bloßen Meinungen, die, je weniger sie begründet sind, um so unbelehrbarer sich behaupten. Gegen die Virtualität hat das Denken keine Chance: Das Korrektiv der Meinung, «das, wodurch sie zur Erkenntnis werden kann, ist die Beziehung des Gedankens zu seinem Gegenstand. Indem er mit diesem sich sättigt, verändert er sich und entäußert sich des Moments der Beliebigkeit»[14]. Gegen die Beliebigkeit ist kein Kraut gewachsen, wenn man sich je nach Bedarf die Gegenstände der anstößigen Wirklichkeit ersparen und in die Simulation flüchten kann.

14 Adorno, Theodor W.: Meinung Wahn Gesellschaft, in: ders.: Gesammelte Schriften, Bd. 10.2, Frankfurt 1977, S. 578.

Die sich überschlagenden medientechnischen Neuerungen, die in immer kürzeren Generationenfolgen zur Welt kommen und das Fassungsvermögen immer mehr strapazieren, sind respektgebietend. Sie heizen die beklommene Spekulation darüber an, ob die Schule den Griff der Medien nach der Bildungsmacht noch verhindern könne, ob sie den unaufhaltsam voranstürmenden Fortschrittsbranchen auf den Fersen zu bleiben vermöge, oder ob sie für die Beseitigung ihrer beschämenden Modernitätsdefizite nicht längst zu spät dran ist, hoffnungslos zurückgeblieben, endgültig abgehängt.

Die Einschüchterung hat Methode. Sie trübt den Blick für eine ebenso einfache wie bemerkenswerte Tatsache. Sie macht vergessen, daß die Kehrseite des grandiosen technischen Fortschritts eine staunenswerte Rückwärtsgewandtheit ist. Der große Sprung nach vorn entpuppt sich bei genauer Betrachtung als ziemlich klägliche Rolle rückwärts. Die Visionen, die das Projekt der medialen Umspinnung des Erdballs und der Verkabelung seines ganzen lebenden und toten Inventars beflügeln, stammen aus der Mottenkiste des «finster» genannten Mittelalters, dem das Licht der Vernunft noch nicht zu leuchten begonnen hatte. Auf der Seite der Nutznießer wird der medientechnische Fortschritt mit einem fabelhaften Rückfall in vormoderne Denkungsart bezahlt. Das nämlich ist die Verheißung, mit der die Zuschauer vor den Bildschirm gelockt werden: Sie dürfen sich die Strapaze der Aufklärung aus dem Kopf schlagen und in den seligen Zustand vormoderner Naivität zurücksinken. Vor dem Anbruch der Moderne begnügten sich die Menschen in aller Arglosigkeit damit, ihren Augen zu trauen und ihre Sinne für ein zureichendes Organ der Weltwahrnehmung zu halten. Heute werden sie wieder ermuntert, den bloßen Augenschein für Wirklichkeit gelten zu lassen.

Zwischen diesen vertrauensseligen Epochen, deren eine mit den aufsehenerregenden Entdeckungen des Nikolaus Kopernikus endete und deren andere sich mit der Erfindung der Fotografie zunächst noch zaghaft ankündigte, gibt es ein fortschrittsgeschichtliches Intermezzo, während dessen genau diese Gesinnung als purer Aberglaube denunziert wurde. Als nämlich Kopernikus die Erde aus dem Mittelpunkt der Welt gerückt, sie in den Kreis der Planeten eingereiht und ihr Bewegung um sich selbst und um die Sonne verordnet hatte, da wußte man, daß den Augen *nicht* zu trauen sei; daß sie dem erkennenden Subjekt Trugbilder vorgaukelten, daß jeder Sonnenaufgang eine Täuschung und jeder Sonnenuntergang ein Schein sei. Der Verstand durfte sich nicht länger zum Komplizen der leichtgläubigen Sinne machen, er mußte sie in Zucht nehmen, nachdem ihre Unzulänglichkeit erwiesen war. Die Weltdeutung wurde zur Domäne des abstrahierenden Denkens. Das hatte freilich seinen Preis: Als nämlich die Sinne in Verruf geraten waren und dem Verstand das Feld überlassen mußten, war auf geheimnisvolle Weise auch der Sinn aus den Weltdingen entwichen: Die Welt wurde faktisch und bedeutungslos zugleich.

Und nun also, als sei nichts gewesen, «zurück zu den Sinnen!» Sie sollen nun doch intelligent genug sein, um richtige Weltsichten zustande zu bringen.

Im Reich der Medien sind sie wieder hoffähig, und wir können, ohne unvernünftig zu sein, statt ihnen zu mißtrauen, erneut unbedenklich Gebrauch von ihnen machen. Es wäre jedoch ein fataler Irrtum zu meinen, hier solle ihre Ehrenrettung betrieben werden: eine Art reumütiger Wiedergutmachungsübung, mit der sie dem welt*erklärenden*, welt*zergliedernden* und *-verwertenden* Verstande als eine ebenbürtige Instanz der Welt*anschauung* an die Seite gestellt würden; in der stillen Hoffnung womöglich, daß dann auch der spurlos verschwundene Sinn sich wieder anfinden werde.

Die neue Sinnenlust hat mit solcher Bußfertigkeit nichts zu tun. Die Sinne, auf die nun wieder Verlaß sein soll, werden ja nicht gegenüber der *Welt* rehabilitiert, sondern nur gegenüber dem *Bild der Welt.* Sie sollen sich nicht im *Anschauen*, sondern im *Zuschauen* üben. Wir haben uns angewöhnt oder angewöhnen lassen, den Unterschied zwischen «Anschauen» und «Zuschauen» unerheblich zu finden, tatsächlich hat das eine mit dem andern außer der Augenbeanspruchung nichts gemein. Der Anschauende wählt sich seinen Betrachtungsgegenstand selbst. Er mißt der Anschauung die Zeit zu, die ihm gutdünkt, und dem Gegenstand die Aufmerksamkeit, die dieser ihm abzunötigen vermag. Er bewegt sich von Gegenstand zu Gegenstand, zielstrebig oder absichtslos. Sein Blick tastet das Gegenüber ab, fixiert einmal dies, einmal jenes Detail. Er ist für Überraschungen offen. Er wendet sich vielleicht gelangweilt ab, kehrt dann doch zurück und nimmt am Gegenstand etwas ganz anderes wahr als bei der ersten Begegnung.

Ganz anders der Zuschauer: Er sieht, was ihm gezeigt wird. Er wohnt einer Vorführung, einer Inszenierung bei. Er ist an seinen Platz gefesselt. Auf das Tempo des Szenenwechsels hat er keinen Einfluß. Sein Blick wandert nicht, er wird gelenkt. Vor der Mattscheibe wird er sogar vollends unbeweglich. Die bildschirmgerechte Attitüde ist das Starren, und das wiederum ist das Vorstadium der Trance, des bewußtlosen Sich-Überlassens an den Bilderzauber.[15] Der Zuschauer ist der Subsistenz des Blickens beraubt. Er ist ein bildbedürftiges Mängelwesen. Mit der Ermutigung, die Bildwelten für bare Münze zu nehmen, werden die Sinne also nicht ermächtigt, sondern doppelt entmündigt: Vis à vis der Welt werden sie durch die Vorherrschaft des Verstandes gegängelt, vis à vis dem Bild der Welt durch den Dirigismus des Anschauungsobjekts. Wenn ihnen erneut die Weltsicht unbesorgt überlassen wird, dann nur deshalb, weil, was sie zu sehen bekommen, ein Machwerk ist, ihnen vorgemacht wird. Ihre Bereitschaft, sich etwas vormachen zu lassen, ist sogar die Bedingung dafür, daß die ins Bild gesetzte Welt überhaupt zustande kommt. So werden die Menschen unisono auf die bildgewordene Ersatzwelt eingeschworen und der Welt allmählich entwöhnt.

Was bei der medientechnischen Hochrüstung einigermaßen irritiert zu beobachten ist, ist kein Einzelfall, sondern ein wiederkehrendes Grundmuster im Projekt der Moderne: Das ungestüme Vorausgreifen in die Zukunft dient zu guter Letzt der Wiederherstellung vormoderner Zustände, allerdings nur der Geste, nicht dem Geiste nach (dessen Wiederbelebung ist weder möglich noch erwünscht). Die Haltungen, Hoffnungen und Duldungen, mit denen vormoderne Menschen sich in der noch nicht gemachten, noch

15 Vgl. Buddemeier, Heinz: Illusion und Manipulation, Stuttgart 1987, S. 33 ff.

nicht in Regie genommenen Welt und in der noch nicht beherrschten Natur eingerichtet hatten, wurden am Beginn der Neuzeit als vernunftwidrig und defaitistisch verpönt. Sie hatten den Menschen geholfen, sich ins Unvermeidliche zu fügen, aber dem Projekt der vernunftgemäßen Weltgestaltung, das mit dem Anbruch der Moderne auf die Tagesordnung kommt, standen sie sperrig und hinderlich im Wege.

Inzwischen haben wir es mit einer menschengemachten zweiten Natur zu tun. Auf Ungemachtes treffen wir nirgends mehr. Die Welt der Technik und der Produkte, der wir konfrontiert sind, ist das Werk von Homo creator, Geist von seinem Geist, nicht wie die erste Natur eine fremde, unberechenbare und undurchschaute Macht, die über uns verhängt ist. Die menschlichen Hervorbringungen, die heute die Welt konstituieren, sind mit der Vernunft von Jahrhunderten durchtränkt. Die Welt der Geräte und Apparaturen ist auf dem höchsten Stand des gegenwärtig Menschenmöglichen. Ihr gegenüber können die Menschen getrost regredieren und in die Sorglosigkeit verfallen, die einst dem Gottvertrauen entsprang.

Kurzum, so will es die reine Lehre des Fortschrittsglaubens: Je moderner die Welt, desto altmodischer, will sagen: vertrauensseliger dürfen die Menschen sein. Gegenüber der Gentechnologie dürfen sie die alten Unsterblichkeitshoffnungen wieder auskramen; gegenüber der Medienwelt den naiven Kinderglauben hätscheln; gegenüber der Warenwelt sich wie Jäger und Sammler verhalten, und gegenüber der Gerätewelt brauchen sie nicht auf Beherrschung zu bestehen, sie können sie ganz einfach benutzen, weil sie ja bereits das Resultat der Bezwingung und der Naturbeherrschung ist. «So wie in der Vergangenheit ein mystischer Fundamentalismus existierte, so haben wir es heute mit einem ähnlich gearteten ‹Techno-Fundamentalismus› zu tun.»[16] Sich aus dem Fundus der vormodernen Attitüden und Welthaltungen zu bedienen, ist gegenüber der menschengemachten zweiten Natur nicht nur erlaubt, sondern tugendhaft.

16 Virilio, Paul: Das Schweigen der Lämmer; Gespräch mit Carlos Oliveira, in: *Frankfurter Rundschau* vom 2. September 1995.

Schnell, sicher, bequem: Lernen ohne Grenzen

Die Vorstellung hat sich eingebürgert und zu einer liebgewordenen Gewohnheit verfestigt, daß die Fortschritts*betreiber* diejenigen sind, die souverän mit der *Zukunft* hantieren, während die Fortschritts*kritiker* als diejenigen gelten, die mit einem Hang zur Weinerlichkeit die *Vergangenheit* verklären. Und nun sehen wir ausgerechnet die Protagonisten des Fortschritts in den verstaubten Beständen der alten Klamotten herumstöbern und fündig werden. Womit sie schließlich herausrücken und was sie den Nutznießern als Gewinn in Aussicht stellen, das ist ein trostloser Abklatsch, eine miserable Kopie, eine bis zur Unkenntlichkeit entstellte Zerrgestalt der Welthaltungen von ehedem. Der Preis für die immer weitere Ausdifferenzierung des technischen Inventars ist die Versimpelung der Individuen. Wieso aber läßt sich mit so erbärmlichen Inaussichtstellungen überhaupt Gefolgschaft gewinnen? Warum gehen die Menschen diesen Verlockungen auf den Leim? Weil sie eine Antwort zu enthalten scheinen auf die drei Hauptbestrebungen der Moderne: auf das Bedürfnis nach Zeitgewinn, das Bedürfnis nach Sicherheit und das Bedürfnis nach Bequemlichkeit.[17]

Das Fernsehen bringt darin Außerordentliches zuwege: Es ermöglicht dem Zuschauer *in Echtzeit*, also mit einer Verzögerung von Sekundenbruchteilen, an jeden beliebigen Ort der Welt «zu gelangen», ohne den allzu trägen und schwerfälligen Körper mit auf die Reise nehmen zu müssen. Schneller, als die audiovisuellen Medien die Welt zu präsentieren vermögen, geht es nicht mehr.

Es gewährt *doppelte Sicherheit*, indem es dem Zuschauer erlaubt, als ungefährdeter Voyeur am Weltgeschehen «teilzunehmen» und ihn obendrein versorgt mit jenen vorgefertigten Weltbildfragmenten, die ihn des Risikos entheben, sich selbst einen Reim auf die Welt machen zu müssen.

17 Zur Entstehungsgeschichte dieser drei Bedürfnisse vgl.: Gronemeyer, Marianne: Das Leben als letzte Gelegenheit, Darmstadt 1993.

Schließlich hat der Zuschauer es auch noch ungemein *bequem*, weil er die Folgen seiner Partizipation am Geschehen nicht tragen muß. Er ist nur virtuell betroffen und kann deshalb aus der Betroffenheit einen Kult machen. Er kann sich mit einem Knopfdruck durch die Fernsehprogramme schalten, immer auf der Jagd nach der unterhaltsamsten Unterhaltung, der sensationellsten Sensation und der wirksamsten Ablenkung und Zerstreuung, und dabei im Sessel sitzen bleiben. Eine unstillbare Weltgier und eine sonderbare Genügsamkeit gehen im Akt des Fernsehens eine zähe Liaison ein: der Anspruch, anstrengungslos alles auf einmal und sofort, aber nichts als es selbst haben zu wollen.

Daß das Fernsehen, wie vor ihm schon der Film und die Fotografie, das konstitutionell lügenhafte Medium ist, in dessen technische Konstruktion die *Täuschung* eingebaut wurde[18]; daß unter seiner Ägide der Betrug und der Selbstbetrug zur akzeptierten, nicht aufklärungsbedürftigen Selbstverständlichkeit wurde, ist das eine. Das andere ist, daß es das Medium der systematischen Herstellung von *Beliebigkeit* ist. Es walzt Grenzen nieder und nivelliert in unvorstellbarem Ausmaß alle Unterschiede zwischen Realität und Virtualität, zwischen dem Nahen und dem Fernen, zwischen Innen und Außen, zwischen Öffentlichkeit und Privatheit, zwischen Wesentlichem und Unwesentlichem.

Wenn die Differenzen verschwunden, die Gegensätze nivelliert sind, wenn alles überall gleich-gültig und gleichgesichtig ist, können Erfahrungen nicht mehr gemacht werden. Erfahrungen bilden sich nicht am Identischen, sondern an der Verschiedenheit. Die Differenz gibt Anlaß zum Lernen. So wie das Verschwinden des Unterschieds zwischen Realität und Virtualität das *Denken* außer Kraft setzt, das ja nur durch das Auftreffen auf seinen *Gegenstand*, also auf das, was ihm widerspenstig entgegensteht, zustande kommt, so verfällt, wenn die Unterschiedenheit der sozialen Räume aufgehoben ist, auch die *Sozialität*. Deshalb ist die Zudringlichkeit des Fernsehens, das alle Schranken mißachtet, um seine Allgegenwart durchzusetzen, so verheerend. Und deshalb ist die Kärrnerarbeit,

18 Buddemeier, Heinz: a. a. O.

die Hartmut von Hentig in seiner verpatzten Lateinstunde ableisten mußte, um der Verwirrung seiner Schüler Herr zu werden, nicht nur als ein Versuch der Wiederherstellung ihrer Aufnahmebereitschaft zu interpretieren, sondern als Bemühung um die Instandsetzung des sozialen Raumes.

Soziale Räume unterscheiden sich voneinander. Durch die Wahrnehmung ihrer Differenz lernt man, sich sozial, das heißt so zu verhalten, wie es dem jeweiligen Raum und den sich darin bewegenden Menschen zukommt und wie es einem selbst, in richtiger Einschätzung der Situation, bekömmlich ist. Die Schüler in Hentigs Schulklasse haben sich über alle Angemessenheitskriterien für den Aufenthalt in diesem Raum hinweggesetzt, freilich nicht, weil sie dagegen aufbegehren wollten, sondern weil sie der Definition des Raumes gar nicht gewahr waren.

Das Fernsehen ist in der Lage, Berge zu versetzen, will sagen, alle nur denkbaren Räume, die Schulklasse, den Parlamentssaal, das Polizeirevier, die Kirche, die Wohnstube anderer Leute, sogar ihr Schlafzimmer, den Kriegsschauplatz, die Wildnis, das Cockpit eines Flugzeugs, die Fabrikhalle, die Einkaufszeile, die Lounge eines Nobelhotels und so weiter und so fort umstandslos ins eigene Heim zu katapultieren. Welten kommen hereingeschneit in die gute Stube und müssen Platz finden zwischen deren vertrautem Mobiliar. Aber all diese Räume werden von niemandem *betreten*. In sie muß man sich *einschalten* und bleibt dabei vollkommen inkognito und verhaltensunfähig, wie paralysiert. Nichts verpflichtet den Teilhaber an diesen Szenerien, sich so zu benehmen, wie es ihnen gebührt. Er kann ungerührt jeden noch so raschen und rapiden Szenenwechsel in gleichbleibendem Habitus über sich ergehen lassen, kann, während er sich behaglich mit geöffnetem Hosenbund und in Filzpantoffeln im Sessel lümmelt, Bier schlürft und Kartoffelchips zermalmt, dem Staatsakt beiwohnen, dem Gottesdienst oder der Krisensitzung. Er ist ganz mit sich allein, während er überall dabei ist. Er ist asozial.

Vergegenwärtigen wir uns einen Augenblick, was geschieht, wenn wir als Akteure, nicht als Zuschauer, die Szenerie wechseln. Unsere Sprache ist für das Verstehen des Vorgangs außerordentlich hilfreich: Räume sind durch *Wände* voneinander getrennt. Um von einem Raum in den andern zu *wandern*, müssen wir die *Wand* passieren. Wir können jedoch den Szenen*wandel* nicht vollziehen, können nicht durch verschiedene Räume *wandeln*, ohne uns selbst zu *wandeln*. Die Wand erzwingt beim Wandelnden Verwandlung.[19]

Der Durchschlupf durch die Wand ist die Tür. Sie ist eine Bildungseinrichtung par excellence. Die Tür, der Grenzübergang zwischen innen und außen, zwischen Raum und Raum, ist von so enormer symbolischer Bedeutung, daß ihr Wegfall oder ihre Mißachtung einem Zusammenbruch des Sozialen gleichkommt. An der Tür ist *Diskretion*, Unterscheidungsfähigkeit, gefordert. Blitzschnell muß der Transiteur das Flair, das ihm entgegenschlägt, erschnuppern und herausfinden, wie der Raum, den er betreten will, im Vergleich zu jenem, den er hinter sich läßt, definiert ist und welche Verhaltenskodizes in ihm gelten.

Auf der Türschwelle entscheidet sich, wer man im Verhältnis zum Herkunfts- und zum Ankunftsraum ist. Das Einlaßritual legt fest, auf welche Weise jemand dem einen und dem andern Raum angehört. An der Tür, sei man nun drinnen oder draußen, muß man zwingend dem Gegenüber signalisieren, als wer man zu gelten beansprucht. Jedes Überschreiten der Türschwelle, ja schon jede Annäherung an sie, macht eine Selbstdefinition notwendig, die das Risiko birgt, daß man darin von den Rauminsassen nicht bestätigt wird. Je nachdem, welche Position der Raumneuling innehat oder innezuhaben glaubt, kann er sich entweder zum Rückzug oder zur Selbstkorrektur genötigt sehen oder seine eigene Definition gegen die Bestreitung der andern durchsetzen. Kurzum: Der Transit von einem sozialen Raum in den andern ist Mal um Mal eine Schule in der hohen Kunst des Selbstausdrucks und in der Wahrnehmung seiner selbst und der sozialen Umgebung. Von seinem Gelingen hängt ab, wie jemand künftig wird *auftreten* können.

Es gibt Hunderte von Arten, die Türschwelle zu überschreiten,

19 «Wand», «wandern», «wandeln» und «Verwandlung» gehen sprachlich auf denselben Ursprung zurück, auf «winden» (Weidenrohrgeflecht) und «wenden». Vgl.: Duden. Etymologie, Mannheim/Wien/Zürich 1989.

und ebenso viele Arten, die Tür zu hüten. Jede von ihnen sagt etwas über die Beziehung von Menschen untereinander und zu Räumen aus. Wer sich an der Türschwelle wie zu verhalten hat, das unterliegt einem Präzisionswerk an Regeln, die auf feinste Unterschiede im Grad der Zugehörigkeit zum Drinnen oder Draußen reagieren. Die ins Türschwellenritual Verwickelten folgen einmal einer stabilen Routine und sind ein andermal zu äußerster Wachsamkeit genötigt, sind einmal Herr der Lage, ein andermal unter Zwang, einmal definieren sie die Situation, ein andermal müssen sie sich die Definition anderer gefallen lassen. Und genau auf diese Weise entsteht eine soziale Biographie. Die Tür ist eine Schlüsselsituation sozialen Lernens.

Wer zum Beispiel Schlüsselgewalt hat, für den ist der Durchgang durch die Wand in aller Regel unproblematisch. Er weiß, was ihn erwartet; er kehrt heim. Aber auch der Schlüsselbesitz feit ihn nicht vor bösen Überraschungen. Eine gewisse Beklommenheit kann auch ihn, insbesondere nach langer Abwesenheit, beschleichen. Gelegentlich ist der Schlüsselbesitz unrechtmäßig. Dann ist das Überschreiten der Grenze ein Einbruch. Wenn den Kindern des Hauses der Schlüssel ausgehändigt wird, dann ist das eine moderne Form der Initiation, mit der sie in die Erwachsenenwelt eingegliedert werden. Die Schlüsselkinder der Nachkriegszeit repräsentierten eine Generation, die vor der Zeit erwachsen sein mußte. Lärmend ins Haus zu stürmen, kommt nur den Kindern unterhalb einer gewissen Altersgrenze zu. Wer anklopft, muß hereingebeten werden, sonst wird ihm eine grobe Unhöflichkeit zugemutet. Wer Einlaß begehrt, kann abgewiesen werden, schroff und feindselig oder mit guten Gründen und der Ermutigung, es wieder zu versuchen. Wer hereingebeten wird, ist Besucher, aber es macht einen Unterschied, ob er erwartet wurde oder unverhofft vor der Tür stand. Amtspersonen, die sich Zutritt verschaffen wollen, müssen sich ausweisen. Man kann mit der Tür ins Haus fallen. Das ist kein gutes Benehmen, aber verzeihlich, wenn man ein Anliegen hat, das keinen Aufschub duldet. Man kann sich hinter der Tür verschanzen, sie verrammeln und verriegeln und damit kundtun, daß man dem Draußen nicht traut. Man kann sich beim Überschreiten der

Schwelle verneigen oder aufrecken, den Hut ziehen, seine Karte überreichen, zaudernd oder fordernd eintreten. Jemand kann gegen seinen Willen aus dem Haus geschleppt werden. Man kann aus dem Haus oder in das Haus fliehen. Man kann sich oder jemanden verabschieden, mit Schmerz oder Aufatmen. Jemand kann die Tür hinter sich zuschlagen, das heißt, daß er im Zorn gegangen ist. Die Tür kann hinter jemandem ins Schloß fallen, dann ist ihm die Rückkehr versperrt.

Wie auch immer. All dies will gelernt, richtig eingeschätzt, sorgfältig beachtet sein, und dies Lernen kommt gänzlich ohne Lehrer aus; oder anders: Es ist dabei jeder des andern Lehrer. Ohne die Tür jedenfalls, die Markierung der Grenze zwischen verschiedenartigen Räumen, können soziale Erfahrungen nicht zustande kommen.

Während die Verschiedenheit der Räume durch *Diskretion* bewahrt wird, wird ihre Gleichschaltung durch *Indiskretion* bewirkt. Das Fernsehen und die elektronischen Medien, die sich, Türen, Wände und Grenzen souverän ignorierend, weltweit in alle Räume hineinfressen und sie mit ihrer machtvollen Gegenwart beherrschen, sind Meister der Indiskretion und der Vernichtung von Differenzen. Die Welt «erscheint den Menschen wie ein Schaufenster – und gäbe es eine verlockendere, verführerischere Sache als ein Schaufenster? Die nackte Frau der Peep-Show ist entsetzlich, ein Horror – einfach unmöglich. Aber beim Fernsehen handelt es sich nicht um eine nackte Frau, sondern um eine nackte Welt in einem kathodischen Schaufenster.»[20]

20 «Der Mensch verschwindet wie eine Spur im Monitor.» Ein Gespräch mit Paul Virilio über die Herrschaft der Bilder und die Diktatur der Geschwindigkeit, in: *Frankfurter Rundschau* vom 8. August 1992.

Ohne Geist, ohne Sinn, ohne Leben: Die Virtualisierung der Bildung

«Der Mann in dem blauen Raumanzug macht einen fitten und fröhlichen Eindruck. Die Strapazen auf engstem Raum in einer abgekapselten Röhre sind dem Astronauten nicht anzumerken. Thomas Reiter ist der Sonne ein Stück näher, und er strahlt. Die Kamera an Bord der russischen Weltraumstation Mir (Frieden) überträgt die Bilder aus dem All live via Moskau nach Paris ins Disneyland, wo bis 5. November ein großes Space Festival gefeiert wird.

Dort sitzen vor mehreren Videoleinwänden und TV-Bildschirmen 614 Jugendliche aus Europa, darunter 30 Jungen und Mädchen des Goethegymnasiums in Neu-Isenburg (Kreis Offenbach), wo der deutsche Astronaut 1977 sein Abitur gebaut hat. (...) Der Esa-Astronaut Reiter und die beiden Kosmonauten schweben rund 400 Kilometer von der Erde entfernt im All. Während der Live-Übertragung aus Disneyland war unter dem Trio das Kap der guten Hoffnung zu sehen. Aber nicht lange, denn die Zeit vergeht wie im Flug. ‹Über Europa sind wir innerhalb von zehn Minuten hinweg›, sagt Thomas Reiter den jungen Leuten.»[21]

Da ist nun alles beisammen: das Verschwimmen von Realität und Virtualität, die Diffusion von Räumen und Zeiten, die jungen Leute, die in diesem verwirrenden Durcheinander von sichtbar gemachtem Unsichtbarem, von «Echtzeit» und eigener Zeit, von Vorhandenem und Nichtvorhandenem, von Dabeisein und Nicht-da-Sein ganz unbeirrt und selbstverständlich mitspielen. Und natürlich die Lehrer, die entschlossen sind, sich die Show von der schönen neuen Medienwelt nicht stehlen zu lassen, sondern doch lieber aufzuspringen auf den Zug, solange er noch einholbar ist.

Ich stelle mir vor, daß die Lehrer des Neu-Isenburger Gymna-

21 «Fragen an den Isenburger im All», in: *Frankfurter Rundschau* vom 9. Oktober 1995, S. 22.

siums keine Mühe hatten, die Schüler für diese Unternehmung zu gewinnen. Ich stelle mir weiter vor, daß diese Reise großzügig von Industrieunternehmen der einschlägigen Branchen gesponsert wurde, weil ich mir *noch* nicht vorstellen will, daß man Disneyland als Reiseziel einer staatlich geförderten Bildungsreise ansteuern kann. Aber wer weiß?

Wo aber *sind* nun eigentlich die Schüler, von denen der Zeitungsartikel berichtet? Sie haben sich aus aller Herren Länder leibhaftig auf den Weg gemacht, enorme Entfernungen zurückgelegt, Räume durchmessen. Vielleicht sind sie mit dem Flugzeug gereist, dann haben sie die Räume nicht durchmessen, sondern übersprungen. Jedenfalls sind sie aufgebrochen von realen Orten, aber nicht um an einem realen Ort anzukommen. Disneyland ist kein Ort, es ist der Inbegriff eines Nicht-Ortes, der, strenggenommen, eine Ankunft überhaupt unmöglich macht. Es macht das Wesen dieses Artefakts aus, daß es jeder Eigenheit bar ist, ein Sammelsurium von Nachbildungen von Versatzstücken von Orten aus beliebigen Zeiten; ein vollständiges Kunstprodukt, ein raumzeitliches Unding, ein Beieinander von Unvereinbarem.

An diesem fiktiven Ort wird nun die Fiktion verdoppelt und verdreifacht. Man konferiert von dort aus «live» mit den einsamen Raumfahrern im Weltall; in einem Gespräch zwischen «hier» und «dort», über den Äther hinweg. Jedoch kann man sich, während man das tut, gleichzeitig in der Kapsel wähnen, weil man aus ihr herausschaut. Oder muß man korrekterweise sagen hinausschaut? Es ist ja tatsächlich unentscheidbar, ob ich bei dieser Doppelpräsenz von oben auf mich zu, also herabschaue, oder ob ich, da ich mich als Betrachter *in* der Kapsel «befinde», von dort weg auf mich hin, also hinabschaue. Und läßt sich denn bei diesem Perspektivenwechsel noch von «oben» und «unten» reden oder nur noch vom Hin und Her? Jedenfalls tun die in Disneyland vor den Bildschirmen Sitzenden etwas, was sie gar nicht können: Sie schauen von oben oder von weit her auf die Erde, auf der sie gleichzeitig sind, und zwar in einem enormen Überblick, den kein Mensch haben kann.

Es wird aber nicht berichtet, daß den Simulanten bei diesem

Weltentaumel schwindelig geworden wäre. Und tatsächlich bedarf es einiger geistiger Anstrengung, um an dieser realen Irrealität Anstoß zu nehmen, so viel vermag offenbar die Gewöhnung. «Die virtuelle Realität und die reelle Realität verdoppeln das Verhältnis zum Realen, was meines Erachtens eindeutig pathologische Folgen nach sich zieht. Ich spreche von ‹le Télé›, vom Tele-Handeln. Die Fernhandlung ist ein Phänomen der absoluten Desorientierung. Wir haben nun die Möglichkeit, aus der Ferne zu sehen, zu hören und zu handeln, und damit findet ein Delokalisierungs- und Entwurzelungsprozeß des Daseins statt: Dasein bedeutete früher Plaziertsein hier und jetzt, aber dieses ‹Da› des Daseins ist in Frage gestellt.»[22]

Die Szene in Disneyland führt uns – fast – auf den Gipfel dessen, was Medien heute vermögen. Und die Schule ist mit von der Partie und profitiert von dem Interesse, das die medientechnischen Wunderwerke bei den ihr Anempfohlenen zu mobilisieren vermögen. Die einfache Hänschen-und-Gretchen-Frage, die sich dann stellt, lautet: «Sollte sie das?»

Die pädagogischen Reaktionen auf die Herausforderung der audiovisuellen Medien sind so verschiedenartig wie die Besorgnisse, auch wenn man kaum wird sagen können, daß sie auf deren Höhe oder Tiefe wären. Womit Pädagogen es zuallererst zu tun bekommen, ist nicht so sehr die Gefährlichkeit der geballten Medienpräsenz, sondern deren vertrackte Attraktivität für die Schüler. Die mag auf das Konto der Anstrengungslosigkeit, Unterhaltsamkeit und leichten Konsumierbarkeit gehen. Und genau damit kann die Schule nicht aufwarten. Das Repertoire an pädagogischen Antworten reicht von *Ignorieren* über *Sich-Arrangieren, Korrigieren, Informieren* und *Kontrollieren* bis hin zum *Konkurrieren.* Eines ist jedenfalls nicht auf der Palette der möglichen Umgangsweisen: die bewußte und *begründete Abstinenz*, die erklärte Nichtbefassung, die «Askese des Blicks» (I. Illich).

Die Schule müsse sehen, wie sie mit diesem Konkurrenten zurechtkomme, schreibt Hartmut von Hentig und fügt hinzu:

22 Virilio, Paul: Das Schweigen der Lämmer, a. a. O.

«Bestimmt nicht durch *Ignorieren* (Hervorhebung M. G.).»[23] Und doch ist es genau das, was viele Lehrer nach wie vor praktizieren: den verführerischen Rivalen geflissentlich zu übersehen (obwohl sie ihm womöglich selbst verfallen sind), der Tatsache, daß die Schule als Bildungsinstanz gegenüber dem Fernsehen hoffnungslos ins Abseits geraten ist, so wenig Bedeutung wie möglich beizumessen und es mit der same procedure as every year unbeirrt weiter zu versuchen. Dies können sie sich nur leisten, weil es eine Schulpflicht gibt, die die physische Anwesenheit der Schüler sicherstellt, und das mag, einige Abgebrühtheit vorausgesetzt, dem einen oder andern genügen. Die Massenflucht ist allerdings, neuesten Berichten zufolge, bereits im Gange. Und wenn das Schulschwänzen epidemische Ausmaße annimmt, wenn die Abstimmung mit den Füßen zur neuen Demokratiebewegung der Jungen wird, dann hat auch die Zwangsvorführung keine Chance mehr. Man kann sie schließlich nicht alle mit Polizeigewalt herbeischleppen. Bis auf weiteres aber ist «Ignorieren» eine fortbestehende Möglichkeit.

Ein Beispiel für die Variante des *Sich-Arrangierens*, sogar mit der Geste pädagogischen Eifers und Verantwortungsbewußtseins, liefert mir eine Zeitungsnotiz: «Bulle mit pädagogischem Nährwert. TV-Ruhrpottkommissar Schimanski alias Götz George wird jetzt auch zum Thema in Brandenburgs Klassenzimmern. Das Medienpädagogische Zentrum des Landes hat ein Unterrichtsbegleitheft über den Krimihelden herausgebracht. Anhand des Materials sollen sich Schüler ab der siebten Klasse in den Fächern Deutsch und Politik mit dem Genre Fernsehkrimi und dem besonderen Typus des Hauptdarstellers befassen, heißt es in der Mitteilung des Bildungsministeriums.»[24]

Wenn es noch eines Beweises bedurft hätte, daß es um die Schule schlecht bestellt ist, dann können Mitteilungen dieser Couleur ihn leicht erbringen. Was hier ministeriell empfohlen wird, ist reine

23 Hentig, Hartmut v., a. a. O., S. 32.

24 «Bulle mit pädagogischem Nährwert», in: *tageszeitung* vom 26. Oktober 1993.

Gefälligkeitspädagogik, Anbiederei an den Publikumsgeschmack. Deutlicher könnte das Eingeständnis, daß der Schule ihr Proprium abhanden gekommen ist, kaum ausfallen. Die Bankrotterklärung gegenüber dem Medium ist nur notdürftig kaschiert durch etwas pädagogisches Beiwerk, das die Schüler für die Kröte halten werden, die sie schlucken müssen, um es ansonsten unterhaltsam zu haben. Warum sollten eigentlich Schüler in die Schule gehen, wenn ihnen dort auch nichts anderes abverlangt wird, als was sie ohnehin tun, nämlich fernsehen. Darüber rettet die Befassung mit dem «Genre» und dem «Typus» auch nicht hinweg.

Was das *Korrigieren* angeht, so hat uns Hartmut von Hentig dafür ein eindrückliches Beispiel gegeben, das zugleich die Unerläßlichkeit des korrigierenden Eingreifens und die begrenzte Wirkung dieser Maßnahme offenlegte.

Nachhaltigere Wirkung erhofft man sich von medienpädagogischen Maßnahmen, die darauf hinauslaufen, die Schüler über die Wirkungsweise der Medien aufzuklären, die Manipulation dingfest zu machen, die Illusion zu entlarven und ihnen so die verlorengegangene *Kontrolle* über die Einflüsse, denen sie unterliegen, zurückzugeben. Da es die Medien nun einmal gibt, da die Jugendlichen einen mehr oder weniger exzessiven Gebrauch von ihnen machen, da man aus der Medienwelt nicht in einem einsamen Entschluß aussteigen kann, wenn die ganze gesellschaftliche Organisation medienvermittelt ist, sollen die Konsumenten wenigstens auf kritische Distanz zu ihnen gehen können, um ihren Einflüssen nicht sklavisch ausgeliefert zu sein. Sie sollen die Machart und die manipulativen Absichten, die mit der Erzeugung des Scheins verbunden sind, in kundigem Umgang durchschauen lernen und nicht Berührungsängste kultivieren.

Das ist gewiß redlich und respektabel. Fragt sich nur, ob die TV-Generation scharf darauf ist, sich aufgeklärt distanziert gegenüber dem Bildschirm zu postieren und sich dortselbst enttäuschen zu lassen. Setzt nicht dies Bemühen bereits die Haltung voraus, die es erzeugen will? Und sind die Lehrer, die sich der Medienpädagogik im Schulalltag verschreiben, mit Sachkundigkeit für die Aufgabe gerüstet? Oder ergreifen sie nicht die willkommene Gelegenheit, sich vertreten und unterrichten zu lassen durch den großen Bruder, sich eine Erholungspause zu gönnen, wissend, daß diese Sorte Unterricht ein Selbstläufer ist, bei dem man seiner medienpädagogischen Pflicht mit ein paar Nachfragen und miesmacherischen Kommentaren leicht genügen kann? Und weiter: Ist die Analyse, auch die seriöse, der Macht der Bilder überhaupt noch gewachsen? Kann man mit einem Übertragungseffekt einmal gewonnener Einsicht rechnen? Wird nicht jede Desillusionierung, die man unter Einsatz des Verstandes zuwege zu bringen hofft, seitens der Medientechnik mit einem Modernisierungsschub des verschärften Illusionismus beantwortet? Und was bedeutet es, wenn man – kontrafaktisch – annimmt, man habe die Machenschaften des Mediums durchschaut, hätte sich seiner Übermacht entwunden? Wird womöglich durch die Verdoppelung der Illusion das Hirn erst recht vernebelt? Jedenfalls scheinen die Medienpädagogen gut beraten, wenn sie sich die Skepsis gegenüber dem eigenen Tun erhalten.

Es gibt allerdings in diesem Umfeld Skeptiker, die nicht die mageren Erfolgsaussichten der Medienpädagogik aufs Korn nehmen, sondern deren edle Absichten. Die Zerknirschung über den Einbruch der Kulturindustrie in die der Bildung vorbehaltenen Reservate und die düsteren Voraussagen darüber, zu welchen antiaufklärerischen Machenschaften die zur Herrschaft gelangten audiovisuellen Medien im Verbund mit den Informationsmedien fähig sein werden, sind unter den pädagogischen Zunftgenossen, wie überhaupt unter den Zeitgenossen, keine opinio communis. Von den Kulturoptimisten werden die Besorgten als Schwarzseher, eben als Kulturpessimisten apostrophiert, und ihre Besorgnis wird als ein nervenschwaches und nostalgisches Gejammere nach angeblich guten alten Zeiten verunglimpft oder als fadenscheiniger Selbstrettungsversuch der Pädagogen, die sich mit dem kaum übersehbaren Bedeutungsverlust ihrer Profession nicht abfinden mögen: «Kein Wunder, daß sich die Pädagogik an so einem Gegner (gemeint ist das von ihr dämonisierte Fernsehen, M. G.) wieder aufrichtet, Größe gewinnt. Die prognostizierten Gefahren der Medien machen die professionellen Erzieher und Erziehungstheoretiker wieder mutig, das anzufassen, was lange Zeit als heißes Eisen gemieden wurde. Mut zur Erziehung!»[25]

Zur Larmoyanz kommt nach dieser Lesart noch eine kräftige Prise philiströser Mäkelei darüber, daß die heutige Schülergeneration sich so sorglos von den erhabenen Bildungsgütern verabschiedet und sich unbekümmert auf das Tête à tête mit den Medien einläßt. Mit dieser Pädagogenschelte profilieren sich die Kritiker der Kritiker als Parteigänger der Jugendlichen mit dem schönen Effekt, sich selbst ein wenig zugehörig fühlen zu dürfen zur Jugendszene. «Zentral in den Debatten (...) ist die Forderung, den Wirrungen und Veränderungen der Lebensformen eine gefestigte Vorstellung über das Eigentliche des Menschen entgegenzusetzen. Anthropologische Orientierungen sollen der Pädagogik helfen, die Entwicklung der Medien in menschengerechte, humane Bahnen lenken zu können. Es ist ersichtlich von unschätzbarem Vorteil, wenn man weiß, wie Menschen *eigentlich* sein sollten, was das *Wesen*, das *Sein* des Menschen ausmacht.»[26] Ein besonderes Ärgernis sei den Bildungsverwesern, daß «Medien und Medieninhalte (...) von den Jugendlichen nicht nur massenhaft genutzt und konsumiert (werden), sondern auch noch offen, unbekümmert und ohne Ansatzpunkte für *pädagogische initiierte Reuehebel* (Hervorhebung M. G.)»[27].

Ich kann mir nicht verkneifen festzustellen, daß diese etwas hämische Kritik an den verbiestert bildungsgläubigen Konservativen ihnen in einem Punkt recht gibt: Der Sprachverfall ist offenbar unaufhaltsam, wenn man sich mit den Medien einläßt. Vielleicht sollte man hier einen «pädagogischen, initiierten Reuehebel» ansetzen.

Die Attacke auf den kulturellen Alleinvertretungsanspruch der Pädagogenzunft und die Abfuhr, die der Besserwisserei und Rechthaberei der traditionellen Kulturwächter erteilt wird, ist nicht un-

25 Sander, Uwe: Grundlagen jugendorientierter Medienerziehung. Oder: Woher weiß man, daß Medien entfremden?, in: Radde, M./Sander, U./Vollbrecht, R.: Jugendzeit–Medienzeit, Weinheim/München 1988, S. 97.

26 Ebenda, S. 106.

27 Ebenda, S. 99.

sympathisch. Aber der postmoderne Schnuppizismus, mit dem die Verdummungsmaschinerie der Kulturindustrie ins Recht gesetzt wird, macht die Sache auch nicht besser. «Die Vorliebe für den Gartenzwerg und für den Flipper, für die Kegelbahn und das Haschischpfeifchen, für Disko, Horoskop und Suzuki ist nicht, wie die Aufklärer glaubten, selbstverschuldete Unmündigkeit oder planmäßige Verblödung wehrloser Massen. Hier schreit kein historischer Rückstand danach, aufgeholt zu werden. Sondern die armen Opfer der Manipulation verbitten sich stumm aber energisch jede Belehrung. Um keinen Preis wollen sie sich emporziehen lassen auf eine höhere Stufe der Bildung, des Geschmacks, des politischen Bewußtseins, d.h. dorthin, wo der jeweilige Sprecher vom Dienst steht. Nicht aus Versehen, weil sie es nicht besser wüßte, wendet sich die Mehrheit dem Aberglauben, dem Sport und der Unterhaltung zu, sondern mit voller Absicht.»[28]

De gustibus non est disputandum. Daß über Geschmacksfragen und Vorlieben nicht gestritten werden kann, ist offenbar die Lehre, die hier gezogen wird. Die Mixtur aus Sensation, Kitsch, Illusion, Unterhaltung und Konsum muß demnach als Kulturoption der Jungen oder der Mehrheit geschluckt, ja sogar respektiert werden. Wer sich Belehrung verbittet, also unbelehrbar ist, ist allein dadurch im Recht, wenn es so respektvoll zugeht, daß Nichteinmischung das oberste Gebot ist. Das mag für Geschmacksfragen noch angehen. Wiewohl auch die Geschmacksfreiheit, sobald sie sich in der Öffentlichkeit austobt, immer die Freiheit der Andersfindenden berührt. Wenn aber der schrankenlose Subjektivismus, dem hier das Wort geredet wird – übrigens ohne der Tatsache eingedenk zu sein, daß die zugehörigen Subjekte längst in der Masse der gleichgepolten Konsumenten verschwunden sind –, sich auch auf das politische Bewußtsein erstreckt, dann hört der Spaß auf. Es gibt dann keinen Standpunkt mehr, von dem aus man Atombombenversuche im Pazifik oder anderswo, das Abschlachten von unliebsamen Bevölkerungsgruppen, die hemmungslose Ausbeutung der verbliebenen Reserven auf Kosten kommender Generationen kritisieren könnte.

28 Enzensberger, Hans Magnus, zit. bei Sander, Uwe, a.a.O., S. 116.

Denn dies alles geschieht ebenfalls nicht aus Versehen, sondern in voller Absicht, und die Initiatoren der Untaten (die man als solche ja nicht einmal mehr kenntlich machen könnte) verbieten sich ihrerseits jede Belehrung energisch.

So harmlos ist das Fernsehen nicht, daß es nur die Bildung des schlechten Geschmacks auf dem Gewissen hätte. Sein Einfluß reicht weiter. Es ist eben keine Privatangelegenheit, sondern tendiert dazu, im Verbund mit den Informationsmedien zu einem *radikalen Monopol* (I. Illich) zu werden, das alle Welt in einer Welteinheitskultur zusammenschließt, kein Abseits seiner Einflußsphäre duldet und alle anderen Wahlmöglichkeiten systematisch zugrunde richtet. Wenn die Kritik sich ganz auf die Schulmeisterei der Pädagogen konzentriert, kommen die hemmungslos von ihren Indoktrinationsmöglichkeiten Gebrauch machenden neuen «Erzieher» erstaunlich ungeschoren davon und ihr totalitärer Charakter[29] wird hoffnungslos unterschätzt.

Schließlich gibt es auf der Palette der Möglichkeiten, den Einfluß des Fernsehens einzudämmen, noch die vielfältigen Versuche, mit dem machtvollen Rivalen zu *konkurrieren*, und das heißt, so wie die Dinge liegen, es aufzunehmen mit seiner Verführungskunst und Attraktivität, nicht etwa, seiner ungeachtet, zu tun, was man nach reiflicher Überlegung und sorgfältiger Prüfung für das Gebotene hält.

Das Dilemma liegt auf der Hand: Das Fernsehen bedient offenbar die «Bedürfnisse» der Schüler perfekt, andernfalls wäre die Nachfrage nicht so groß und der Fernsehkonsum nicht so ausgiebig. Die Schwierigkeit nun, vor der die wegen des Medieneinflusses besorgten Lehrerkollegen stehen, ist die, daß sie nicht zugleich mit dem Fernsehen die Schüler kritisieren mögen, um deren Gunst sie buhlen müssen, wenn sie denn dem Fernsehen Konkurrenz machen wollen. Es geht darum, das ganze Recht auf der Seite der Bedürfnisse der Schüler zu lokalisieren und das ganze Unrecht auf der Seite des diese Bedürfnisse bedienenden Mediums. Will man also die Optionen der

29 Vgl. Virilio, Paul: Das Schweigen der Lämmer, a. a. O.

Schüler respektieren, so muß man sich mit ihrem Bedürfnis nach leichter Kost, anstrengungsfreiem Genuß, nach Spektakel und Sensation, nach Unverbindlichkeit und Grandiosität, kurz: nach Unterhaltung auf Fernsehniveau verbünden, ohne sich doch der Mittel zu bedienen, von denen das Fernsehen Gebrauch macht.

Was dabei herauskommt, ist ein Lernen zu extrem ermäßigten Einlaßbedingungen. Mit methodischen und didaktischen Finessen wird am reinen Lernspaß herumlaboriert. Die mit den Bedürfnissen der Schüler kollaborierenden Lehrer versuchen sich an der Quadratur des Kreises. Da sie sich davon überzeugt haben, daß sie auf die Neugier der Schüler nicht rechnen können, setzen sie auf deren Spieltrieb, ohne doch von der Idee des Bildungsauftrags Abschied zu nehmen. «Man lernt zwar nichts mehr für das Fach, in dem das Spiel eingesetzt wird, dafür aber ‹soziales Miteinander›, wie mich ein Kollege zurechtwies. Um den Schülern im Englischunterricht das Aktiv und Passiv beizubringen, entwickelte jener Kollege ein Würfelspiel. Um auf das entsprechende Übungsfeld zu kommen, wo die Verwandlung von dem Aktivsatz in den Passivsatz stattzufinden hatte, bedurfte es einer fünfmaligen Würfelrunde. Nach 45 Minuten war der Schüler dreimal auf einem Feld gelandet, wo er mit der englischen Grammatik konfrontiert wurde.»[30]

Will man es mit dem Fernsehvergnügen aufnehmen, dann muß man den Lernenden jede Zumutung ersparen. Das durch keine geistige Anstrengung beeinträchtigte Wohlbefinden der Schüler wird zur Richtschnur für pädagogisches Handeln. Noch bevor irgendein Lerngegenstand an der Abwehr der Schüler abprallen kann, ist er schon dem Kleinmut des Lehrers zum Opfer gefallen, der an das Abenteuer der geistigen Anstrengung so wenig glaubt, wie er der Sache, die er vertritt, etwas zuzutrauen wagt, jedenfalls weniger als dem Entertainment, mit dem er die Schüler aus der Reserve zu locken hofft. Und so regredieren Schüler und Lehrer in trautem Einvernehmen vor sich hin, vollbeschäftigt mit allerlei Humbug und Firlefanz, und sind zufrieden, wenn alle zufrieden sind. Lernen wird auch unter

30 Frech-Becker, Cornelia: Die Schule unter dem Regenbogen, in: *Die Zeit*, Nr. 31/1995, S. 58.

diesen Voraussetzungen zur reinen Geschmackssache und so beliebig wie der Fernsehkonsum selbst, obwohl man dem Konkurrenten doch emphatisch etwas, das ihm nicht gleicht, entgegensetzen wollte, um seine Alleinherrschaft zu brechen.

Ohne Rettung: Die heillose Schule

Die Idee des bedürfnisorientierten Lernens war, bevor sie in solche infantilisierenden Exzesse verfiel, durchaus respektabel. Sie richtete sich in den siebziger Jahren gegen den Curriculum-, Lernziel- und Evaluationsfuror, mit dem seinerzeit der Pädagogik die Wissenschaftlichkeit eingebleut werden sollte. Der Unterricht war in den Augen der Repräsentanten dieser neuen Gangart ein «Instrument (...), mittels dessen Lernprozesse auslösbar, steuerbar, kontrollierbar» gemacht, also zweckrational durchorganisiert werden konnten. Unterricht galt als die «Summe von gezielten Beeinflussungen, die einen Lernenden von einem Lernzustand A in den Lernzustand B versetzen», so daß «das Lernergebnis prognostizierbar, um nicht zu sagen garantierbar wird». Dabei liegen die «Endverhaltensweisen, die Trainingsschritte und der Enderfolg (...) fest, bevor die Individuen feststehen, die mit diesem Instrument garantiert erfolgreich bearbeitet werden. (...) so konstruiert und plant der Lerningenieur den Aufbau einer Leistungsqualität»[31] ohne Ansehen der Person.

Es waren die eher leisen und behutsamen, nicht die auftrumpfenden Töne, die daran erinnerten, daß bei aller Durchrationalisierung, bei allem präzisem Timing und allen akribischen Soll-Ist-Vergleichen, denen der sogenannte Lernprozeß standzuhalten hatte, doch die Lernenden irgendwie auch bedacht sein wollten, und zwar nicht nur als Erfüllungsgehilfen für den Durchmarsch zu den verordneten Lernzielen. Die strikte Ökonomisierung des Unterrichts hatte aus dieser Perspektive unweigerlich die «Verödung der Lern-

31 Rumpf, Horst: Unterricht und Identität, München 1976, S. 34 ff.

situationen, das Fehlen faszinierender Erfahrungen, das Fehlen von Ernstfällen des Denkens, der Auseinandersetzung in der Schule» zur Folge.[32] Von bedürfnis- und erfahrungsorientiertem Lernen redeten diejenigen, die am überraschungsfreien Lernverfahren nicht nur zweifelten, weil sie es nicht für machbar, sondern weil sie es nicht für wünschbar hielten.

Die Kooperation mit den *Erfahrungen* und *Belangen* der Lernenden war allerdings vor Mißbrauch insgesamt eher gefeit als der Rückgriff auf deren *Bedürfnisse.* Von Anfang an hatte das Konzept des «bedürfnisorientierten Lernens» mehr als einen Pferdefuß:

- Da ist zunächst die Gutgläubigkeit gegenüber den Bedürfnissen. So als seien diese eine tief aus dem Innern der Subjekte aufsteigende, unkorrumpierte Instanz, die die Autonomie des Individuums gegenüber den gesellschaftlichen Zwängen repräsentiere, der unverdorbene und unverderbliche Kern, der, einige archäologische Bemühungen zu seiner Auffindung vorausgesetzt, dem einzelnen seine Eigentlichkeit garantiere. Während doch in Wahrheit die Be-*dürf*-nisse den Bestand dessen darstellen, was man unter gegebenen gesellschaftlichen Voraussetzungen wollen *darf.* Wo von Bedürfnissen geredet werden muß, ist Knappheit immer schon eingekehrt. «Bedürfnis» kennzeichnet ein Verhältnis, in dem der eine begehrlich ist und der andere die Befriedigungsmittel verwaltet, für deren Überlassung er die Bedingungen diktieren kann – ergo, ein Machtverhältnis, und zwar ein verkapptes, unkenntliches, das dem Bedürftigen durchaus das *Gefühl* der Eigenmächtigkeit gönnt. Bedürfnisorientiertes Lernen ist demnach nicht eigensinnig, sondern eine elegantere Form der Gängelung.

- In Windeseile wurde dann das, was an der Idee des bedürfnisorientierten Lernens respektabel war, von den pädagogischen Trendsettern korrumpiert, nämlich zu einer erfolgversprechen-

32 Ebenda, S. 47f.

den *Methode* in der Lerningenieurskunst umgedeutet. Der Ansatz an den – sagen wir eher unverfänglich – Interessen der Schüler wurde unter der Hand zum Trick, um sie dazu zu verführen, das zu wollen, was sie sollen. Die Interessen der Lernenden wurden allenfalls akzeptiert als Durchgangsstadium, das man ihnen zugestehen muß, um ihre Widerstände zu brechen und ohne allzu große Reibungsverluste zur Sache kommen zu können. Später erlitt dann die Betroffenheit, eine nahe Verwandte der Bedürfnisse, das gleiche Schicksal der pädagogischen Instrumentalisierung. Interesse und Betroffenheit führten ein zwielichtiges Doppelleben. Sie sollten pädagogisches Produktionsmittel und Produkt zugleich sein. Unter Ausbeutung von Interesse/Bedürfnis und Betroffenheit wollte man ein auf die «richtigen» Gegenstände gelenktes Interesse und eine von ausgesuchten Ereignissen ausgelöste Betroffenheit *herstellen*. Kurzum: die Schülerbedürfnisse wurden, nachdem sie – wie alle Bedürfnisse – oktroyiert waren, obendrein auch noch verzweckt. Ein Kabinettstückchen aus dem Trickrepertoire des *Vermittlers*.

- Inzwischen ist das Konzept des bedürfnisorientierten Lernens nun also in eine neue Phase getreten: Die Befindlichkeit der Lernenden hat unbedingten Vorrang vor der – wie man schaudernd sagt – «kalten Wissensvermittlung». Die Bedürfnisse geben den Ton an, dem Gegenstand wird der Eigensinn bestritten. Und das alles wegen der übermächtigen Konkurrenz der Medien.

In einer Ausstellung zum Thema «Leselust», die vor einigen Jahren in Frankfurt zu sehen war, hing ein Bild des Leidener Malers und Rembrandtschülers Gerard Dou, das mir den Verlust, den die pädagogischen Verhältnisse erleiden, wenn sie *bedürfnisorientiert* werden, klarmachte. Das Bild zeigt eine Dreiecksgeschichte, die sich auch in seinem formalen Aufbau zur Geltung bringt. An ihr sind beteiligt ein bärtiger alter Mann, ein üppig gekleideter Knabe und ein aufgeschlagenes Buch. Das Licht fällt auf das Gesicht des Knaben und auf des Alten Hand mit dem ausgestreckten Zeigefinger. Der weist auf eine bestimmte Stelle auf der Buchseite. Die beiden schauen sich nicht an, sie stimmen in der Blickrichtung überein, und die zielt auf das Buch. Der Alte belehrt offenbar den Knaben über dessen Inhalt und Bedeutung. Die Verbindung zwischen den beiden Personen wird durch das Lauschen des Kindes und die Unterweisung des Alten hergestellt sowie durch den Punkt auf der Buchseite, an dem sich ihre Blicke treffen. Anrührend der heitere Ernst in den Gesichtern und die ruhige Konzentration, die über der Szene liegt. Eile scheint nicht geboten.[33]

Solche Lerngeschichten, die aus einem Dreiecksverhältnis entstehen, aus «Ich» und «Du» und einem gemeinsamen Dritten, sind selten geworden und in der Schule nur als mirakelhafter Ausnahmefall vorstellbar. Das gemeinsame Dritte ist, so scheint mir, fast gänzlich aus den Lehr- und Lernverhältnissen entwichen. Wenn der Unterweisende sich als Vermittler versteht, gibt es kein gemeinsames, sondern nur ein oktroyiertes Drittes. Wenn er sich als «Spaßvogel» und Befindlichkeitsanwalt konzipiert, gibt es nur «Ich» und «Du» und ein belangloses Drittes. Wenn der Computer schaltet und waltet, existiert das Du für den Schüler überhaupt nicht mehr, er ist allein mit dem unverzüglich abrufbereiten Dritten. Vor dem TV-Bild findet sich nur noch das solipsistische «Ich», und auch das mit einer Tendenz zur Auflösung.

Alle diese Varianten sind, was das Lernen und die Bildung betrifft, heillos. Aber unter den gegebenen Umständen, unter denen sich Lehrer als Konkurrenten der Unterhaltungsindustrie betätigen und Schüler den Vergleich der unspektakulären Darbietungen des Lehrpersonals mit den Attraktionen auf dem heimischen Bildschirm kaum noch unterlassen können, liegt es besonders nahe, die Verpflichtung, die *Lernende* und *Lehrende* gegenüber dem *Gegenstand* haben, zu leugnen. Der Gegenstand muß nicht die Gestalt eines Buches haben, er kann auch in einer ernstgenommenen Aufgabe bestehen: Es kann um die Behandlung einer Frage gehen, um das Bedenken von Geschehnissen, die Erörterung von Erfahrungen,

33 Vgl. Schirn Kunsthalle Frankfurt (Hg.): Leselust. Niederländische Malerei von Rembrandt bis Vermeer, Stuttgart 1993, S. 180ff; und: Kindlers Malerei Lexikon Bd. IV, Art. Dou, Gerard, Zürich o. J., S. 989ff.

die Deutung von Gesehenem und Gehörtem. Aber er hat in jedem Fall Anspruch auf einen seiner Bedeutung angemessenen Ernst. Dem Gegenstand als dem ebenbürtigen, weder nur zu traktierenden noch beliebig austauschbaren oder schnöde zu vernachlässigenden, noch auch übermächtigen Dritten im Bunde, Mitspracherechte einzuräumen, stünde den Pädagogen gut an. Wenn sie sich aus Gründen der Gefälligkeit und weil sie, timide nach der Konkurrenz schielend, den Lernenden, sich selbst und der Sache nichts zutrauen, davor drücken, dann ist das fatal für die Lehr- und Lernverhältnisse und liefert sie endgültig an den verhaßten Rivalen aus.

Verglichen mit den unerhörten und unausdenklichen Umwälzungen in unseren sozialen und Weltverhältnissen, die uns mit den neuen Entwicklungen in der Medientechnologie ins Haus stehen, erscheint das, was die Schule dagegen vorzubringen hat, deprimierend kleingeblümt und handgestrickt oder, schlimmer noch, schlichtweg opportunistisch. Was wäre aber, wenn die Schule und die in ihr tätigen Pädagogen nicht im Fahrwasser der großen Hauptströmung mitzuschwimmen sich abstrampelten, alle Anstrengungen darauf gerichtet, die Stromschnellen und Turbulenzen einigermaßen unbeschadet zu überstehen? Was wäre, wenn man sich schulischerseits zu einer offensiven, absichtsvollen Nichtbefassung mit dem, was sowieso im Gange ist und was mit oder ohne Schule seinen Lauf nehmen wird, entschlösse? Wohlgemerkt, ich spreche nicht von der verdrückten und ignoranten Abstinenz und auch nicht von Abstinenz als neuem pädagogischem Programm, sondern einfach von der Zuwendung zu Themen, Fragen, Sinngebungen, Lebensstilen, Haltungen, Kompetenzen und Daseinsweisen, die unterm radikalen Monopol der Medienmacht vom Aussterben bedroht sind!

Was an der Disneylandkonferenz der Schüler wirklich unheimlich und beängstigend ist, ist die Fraglosigkeit und Selbstverständlichkeit, mit der die jungen Leute sich heute schon in dieser medial produzierten Nicht-Szenerie «bewegen». Vielleicht könnte sich die Schule, da es sie nun einmal gibt, als Anwalt des Untergehenden begreifen, um das, was vom kolossalen Fortschritt niedergewalzt wird, wenigstens als Denkmöglichkeit in Erinnerung zu halten, damit die schöne neue Medienwelt nicht ganz hermetisch wird. Solange das andere, das vom Hauptstrom Ausgesonderte und Abgelagerte als Denkmöglichkeit existiert, solange es eine Erinnerungsspur in den Sand zeichnet, so lange ist es noch nicht ganz erstorben: «Italo Calvino läßt seinen Marco Polo über den Umgang mit der Hölle, die schon da ist, ‹in der wir täglich wohnen, die wir durch unser Zusammensein bilden›, sagen, zwei Arten an dieser Hölle nicht zu leiden, gebe es. Die eine wäre, so sehr Teil von ihr zu werden, daß man sie nicht mehr erkennt. ‹Die andere ist gewagt und erfordert dauernde Vorsicht und Aufmerksamkeit: suchen und zu erkennen wissen, wer und was inmitten der Hölle nicht Hölle ist, und ihm Bestand und Raum zu geben.›»[34]

Es sieht alles danach aus, als ob die Schule den ersten Weg einschlagen wolle, so sehr Teil von dem zu werden, was siegreich ist, daß man das Höllische daran nicht mehr erkennen muß. Der zweite Weg käme unter Umständen dem Rufen in der Wüste ziemlich nahe. Allerdings ist ja die Wüste, in die die Pädagogen hinausrufen, nicht menschenleer, solange es die Schulpflicht noch gibt. Da ließe sich sogar von dem Zwang, der zur Hölle gehört, noch subversiver Gebrauch machen, wenngleich man auf Erfolg nicht spekulieren dürfte. Mit einiger Sicherheit würde staatlich besoldeten Lehrern etwas so Ineffizientes wie die Wüstenruferei, womöglich noch in verstopfte Ohren, nicht lange nachgesehen werden. Da hülfe es ihnen auch nicht, daß sie beamtete Wüstenrufer sind. Aber es macht doch einen Unterschied, ob sie das Wüstenrufen aufgäben, weil sie den Mut nicht hätten, etwas Widerspenstiges zu tun, oder ob sie es wegen seiner Absurdität gar nicht erst in Erwägung zögen. Der Unterschied ist der zwischen dem Leiden an der Hölle und der Gleichgültigkeit ihr gegenüber.

Und noch eins: Wenn sie sich so ins Abseits begäben, wenn sie sich auf die *Vergeblichkeit* ihres Tuns einrichteten, müßten Lehrer

34 Gronemeyer, Marianne: Das Leben als letzte Gelegenheit, Darmstadt 1993, S. 146.

um ihre *Unverzichtbarkeit* nicht besorgt sein. Als Handlanger im Medienbetrieb hingegen werden sie sehr schnell ausgebootet werden. In der Disneyland-Episode ist von ihnen schon nicht einmal mehr die Rede. Das «Bildungs»geschäft, das da betrieben wurde, kommt gänzlich ohne sie aus.

Die Veräußerung der Moral

Es sind aber nicht nur die Medien in allen ihren Gestalten, die das Zeug dazu haben, der Schule ihren angestammten Platz streitig zu machen. Die Medien sind trotz aller revolutionären Veränderungen, die da mit den Weltverhältnissen und Weltbildern von Menschen vor sich gehen, in einer Hinsicht doch auf traditionelle Weise erziehlich. Sie wirken auf ihr Publikum ein, nehmen Einfluß auf Wahrnehmungen, Haltungen, Meinungen, Attitüden, Entscheidungen ihrer Abnehmer. Sie verführen die Zuschauer, zu sehen, zu denken, zu empfinden und zu tun, was sie sollen. Aber sie sind doch immer noch angewiesen auf deren mentale Kollaboration. Sie können sich den Umweg über Kopf, Herz und Seele derer, die verführt werden sollen, nicht ersparen. Wie mächtig und zwingend auch ihr Einfluß sein mag, so sind dabei doch Unwägbarkeiten im Spiel, wie sie eine auf Sicherheit, Hundertprozentigkeit, Garantie und Gleichgerichtetheit gestimmte Epoche nicht tolerabel finden mag. Wie bei jedem Erziehungsvorhaben bleibt der Ausgang ungewiß, und zuverlässig läßt sich nicht prognostizieren, ob die Überläuferquote den Erwartungen entsprechen wird, ob die Totalerfassung gelingt, ob der Run ins Lager der medialen Meinungs- und Menschenmacher nicht plötzlich wegen unkalkulierbarer Zwischenfälle oder wegen eines dann doch sich einstellenden Überdrusses an der Banalität, wegen schlichter Gelangweiltheit oder wegen anderweitiger Resistenzen in den Menschen ins Stocken gerät. Solange man es mit Personen zu tun hat, ist die Berechenbarkeit, Vorhersehbarkeit und Planung in Gefahr.

Im Jahre 1948, zugleich mit George Orwells Schreckensszenario vom totalen Überwachungsstaat, erschien B. F. Skinners liebliche, geradezu arkadische Zukunftsvision «Walden Two».[35] Darin ist von rigider Überwachung und Gängelung nicht die Rede, sondern von einer selbstorganisierten Gemeinschaft, die unermüdlich damit beschäftigt ist, ihre Verhältnisse so einzurichten, daß die Gesellschaftsmitglieder gar nicht anders können, als sich gegeneinander und gegenüber der Lebenswelt gut und nützlich zu benehmen. Da lerntheoretischen Grundsätzen zufolge so etwas wie der freie Wille eines Subjektes nicht existiert – wenngleich natürlich der Glaube an seine Existenz nicht unterzukriegen ist, nachdem die Menschen nun einmal ihre Idee von Freiheit, Würde und Individualität daran geknüpft haben –, muß man nicht Menschen erziehen wollen, sondern die Umstände so durchkonstruieren, daß sich die Menschen *automatisch gut verhalten.*

Der Mensch ist ein fehlbares Wesen, das nach der Maximierung der Annehmlichkeiten und der Minimierung unliebsamer Überraschungen und lästiger Pflichten strebt, das ist die Grundannahme dieses utopischen Entwurfs, und dagegen ist nichts einzuwenden. Die Schlußfolgerung daraus ist ganz einfach: Die Lebensumstände müssen so geordnet werden, daß die Kosten-Nutzen-Kalküle der einzelnen Gesellschaftsmitglieder aufgehen, ohne daß sich deren Egoismus und Annehmlichkeitsstreben gemeinschaftsschädigend austobt. Da das Streben jedes einzelnen nach Nutzenmaximierung vollkommen akzeptabel ist, muß also dafür gesorgt werden, daß das Verhalten zum Wohle der Gemeinschaft dem einzelnen Vorteile bringt. Das erfordert ein ausgeklügeltes System von Belohnungen. Bestrafungen werden als kontraproduktiv angesehen, weil sie Reibungsverluste durch Unmut, Demütigung, Trotz oder sklavische Unterwerfung eintragen. Von ihnen wird darum nur in Extremfällen Gebrauch gemacht.

Bei diesen Überlegungen springen plausible Konsequenzen heraus, zum Beispiel die, daß schwere und unangenehme gesellschaftliche Arbeit besser entlohnt wird als angenehme, schöpferische Tätigkeit, so daß wer eintönige, ekelhafte oder körperlich zermürbende Arbeit verrichtet, für seinen Lebensunterhalt (der übrigens

35 Skinner, B. F.: Futurum Zwei, Reinbek 1971.

nicht in Geld bemessen wird) nur einen Bruchteil der Zeit aufwenden muß, die dem kreativ Schaffenden, abwechslungsreich und lustbesetzt Beschäftigten abverlangt wird.

Aber nicht nur die gesellschaftlichen Regelungen sind so zwanglos zwingend, daß jedes Individuum sich rechtschaffen und anständig verhält, ohne doch dabei seiner Vorteilsmehrung abzuschwören. Auch die Geräte, das ganze dingliche Inventar des Alltagslebens, ist in jedem Detail so zweckmäßig durchdacht und konstruiert, daß es nicht nur mühesparend ist, sondern auch den Benutzern keine Gelegenheit zu Ungeschicklichkeiten, ärgerlichem Fehlverhalten oder mißbräuchlicher Anwendung gibt. Zum Beispiel die Teetassen: Ein Angehöriger der Gemeinschaft, der einer Gruppe von skeptisch-neugierigen Besuchern die Prinzipien des Zusammenlebens in «Futurum Zwei» erläutert, «demonstrierte seine ‹Technik› (des Teetrinkens), indem er ein Teeglas bis zur Höhe von zwei Tassen füllte, was auf einer Skala markiert war; dann tat er eine Zitronenscheibe hinein und schob das Glas in einen Behälter, den er einem Kasten entnahm. ‹Tassen und Untertassen›, dozierte er sachlich, ‹sind nämlich von unseren jungen Haushaltseleven abgelehnt worden. Es ist ja auch praktisch unmöglich, eine volle Tasse Tee, ohne etwas zu verschütten, beispielsweise den Korridor entlang zu tragen. Wir bedienen uns ja immer selbst, und da brauchen wir ein Gefäß, aus dem man Tee mit Vergnügen trinken und das man obendrein bequem tragen kann. Diese jungen Leute wußten nichts von dem russischen Brauch, Tee aus Gläsern zu trinken, sie sind ganz von selber darauf gekommen. Die russische Methode haben sie noch durch die Einführung sehr großer Gläser verbessert. Die Menge von drei Tassen ins Glas, und es bleibt immer noch ein Spielraum vorm Verschütten. (…) Ein großes Glas intensiviert das Aroma des Tees – genau wie beim Brandy. Wie Sie sehen, ist das Glas sehr dünn. Es läßt sich gut daraus trinken, und es ist leicht an Gewicht.› (…) ‹Sie können selber sehen, wieviel ruhiger der Tee im Glas steht, wenn er wie im Eimer getragen wird›, sagte er und schwang seinen Tee, der sich dabei kaum bewegte, nachlässig hin und her. Im übrigen hatten unsere jungen Praktiker weitere Probleme, die sie gleichzeitig lösten. Der Tee muß heiß bleiben, besonders wenn das Glas die Menge von zwei oder drei Tassen enthält. Eine Teetasse dagegen ist der denkbar schlechteste Wärmehalter.›»[36]

Es ist gar nicht so einfach, gegen das Praktisch-Werden der Dinge und gegen das Vernünftig-Werden der Reglements etwas einzuwenden. Ist es nicht wirklich eine Errungenschaft, wenn die Geräte ihrer Funktion perfekt entsprechen und wenn die Verhältnisse der Forderung nach Gerechtigkeit in der Verteilung der Lasten und des Nutzens Rechnung tragen? Und doch ist in dieser freundlichen Idylle, in die Skinner seine Leser einlädt, stillschweigend und ohne öffentliches Aufsehen das Gewissen beerdigt und die Moral zu Grabe getragen worden.

Die Objekte und Institutionen haben gleichsam ein Auge auf die Menschen, bewahren sie vor ihren eigenen Unzulänglichkeiten, lenken sie durch die Fährnisse und Versuchungen des Daseins und kompensieren durch ihre eigene Raffinesse die Defizite, Unzulänglichkeiten und Schwächen der Subjekte. In Abwandlung eines Diktums von Günther Anders könnte man sagen, daß die Objekte zu Subjekthirten geworden sind.[37] Es findet eine «fürsorgliche Belagerung» des Menschen durch die selbstgeschaffenen Geräte statt. Das erübrigt die Idee der Bildung, der Gewissensschärfung und des Eigensinns der Person. Die Menschen werden erfreulicherweise entlastet von der Herausbildung eigener moralischer Haltungen, Standpunkte und Entscheidungen und auch von Fertigkeiten und Fähigkeiten. Sie können sich unbesorgt der Lenkung durch das Gerät anvertrauen, denn die Moral, der Anstand, der rechte Umgang, die Geschicklichkeit, die Vermeidung von Fehlgriffen und Fehltritten, all das muß nicht mehr Fähigkeit und Kompetenz von Personen, muß nicht den Menschen in mühseligen Bildungsprozeduren

36 Ebenda, S. 35 ff.

37 Vgl. Anders, Günther: Die Antiquiertheit des Menschen, 2. Band, München 1986, 4. Auflage. Anders spricht dort im Zusammenhang der Automatisierung vom arbeitenden Menschen als «Objekthirten». Der Begriff «Subjekthirte» findet sich in: Schuster, Robert: Die Antiquiertheit des Menschen am Beispiel Gentechnik, Diplomarbeit an der Fachhochschule Wiesbaden 1994.

eingefleischt werden. Es genügt, daß es in die Funktionsweise von Gerätschaften und Reglements eingebaut ist. Moral, Sitte und Anstand werden zur Eigenleistung der Lebensumstände. Wir haben es mit einer neuen Variante des außengeleiteten Menschen (D. Riesman) zu tun. «Bildung» nimmt die Gestalt der Geräte- und Institutionenoptimierung an. Die obliegt den Technikern, Ingenieuren und Managern. Pädagogen können ihren Abschied nehmen.

Orwells Zukunftsvorstellung für das Jahr 1984 ist den Zeitgenossen in die Glieder gefahren. Die Angst vor dem «gläsernen Menschen» geht seither um, wenngleich nichts geschieht, um die technischen Entwicklungen, die ihn möglich machen, aufzuhalten. Skinners Entwurf einer Welt, in der die Menschen nicht mehr zivilisiert, anständig oder manierlich zu sein brauchen, weil die Umstände tadellos sind und den Menschen ersparen, es auch zu sein, verwirklicht sich ohne viel Aufhebens, Stück für Stück und mit viel Zustimmung für die Errungenschaften, die wie Pilze aus dem Boden schießen. Beinah jeden Tag hören wir von solchen, das Gewissen, die Rücksichtnahme, die Höflichkeit, die Geduld, die Nachsicht oder Hilfsbereitschaft erübrigenden Neuerungen.

Auf den Menschen ist erfahrungsgemäß kein Verlaß. Er ist möglicherweise in der überwiegenden Mehrzahl der Fälle ganz zivilisiert, gelegentlich sogar freundlich, umsichtig und aufmerksam auf das Erforderliche, manchmal über das erwartbare Maß hinaus, aber eben nicht zuverlässig. Mit Ausfallerscheinungen, rüder Rücksichtslosigkeit, bedenkenlosem Leichtsinn, mit Niedertracht, Achtlosigkeit und Verantwortungslosigkeit, aber auch mit Ungeschicklichkeit und Mißlichkeit ist immer zu rechnen. Herkömmlich machte man sich Gedanken darüber, wie die schädlichen, das Zusammenleben beträchtlich erschwerenden Neigungen zum Besseren gewendet, wie also Menschen zu sozialverträglichen Wesen gebildet werden könnten. Diese Aufgabe schien unter Pädagogen immer des Schweißes der Edlen wert. Nun aber ist man der Mühe und der unsicheren Erfolgsaussichten überdrüssig geworden und hat sich darauf spezialisiert, intelligentes Gerät herzustellen, in dem die guten Absichten und der pflegliche Umgang mit allem und jedem zu Gerätefunktionen geronnen sind. Im Gewahrsam der Gerätewelt können die Menschen getrost im Rohzustand belassen bleiben. Die Tugend und das Gewissen sind externalisiert und delegiert an verläßlichere Instanzen.

- So zum Beispiel der Autofahrer, der sich – gut durchalkoholisiert – seine uneingeschränkte Fahrtüchtigkeit immer noch zutraut. Wenn er sein Auto besteigt, wird er künftig, wenigstens in den Vereinigten Staaten, daran gehindert werden, seinem Leichtsinn freien Lauf zu lassen: «Vom Sommer 1993 an müssen ‹Wiederholungstäter› in ihrem Auto ein Meßgerät anbringen, das den Promillegehalt im Atem errechnet. (...) Vorausgegangen war eine über vierjährige Testphase in weiten Teilen der USA. (...) Wenn sich der Fahrer ans Steuer setzt, muß er einen Spezialcode eingeben und in ein Mundstück pusten. Ohne Test oder ab 0,2 Promille ist die Zündung gesperrt.»[38] Der Autofahrer kann sein Gewissen beurlauben, wenn das Auto so gewissenhaft ist.

- Ein anderes Beispiel: In der Pflege alter oder unbeholfener Menschen, die ihr Essen nicht selbst zum Munde führen können, wird mit Fütterungsautomaten experimentiert, die wunderbarerweise auf Blickkontakt hin genau jene «Geduld» aufbringen, die das menschliche Pflegepersonal wegen Überlastung oder aus Unlust schuldig bleibt. So bleiben die Pflegebedürftigen trotz ihrer Hilflosigkeit «Herr der Lage».

- Intelligente Fernseher, die mit einem «verantwortungsbewußten Chip» ausgestattet sind, sollen sich künftig in die wahllose Fernsehpraxis der Kinder einmischen können und ihnen durch Selbstabschaltung vorenthalten, was dem Gerät unpassend für sie dünkt. Der Chip soll beispielsweise als elektronische Waffe gegen die Fernsehgewalt zum Einsatz kommen. Das TV-Gerät, das kraft der ihm eigenen «Autorität» seinen unmündigen Zuschauern einen «sauberen Bildschirm» verordnet, erübrigt die

38 «Auto verträgt keine Fahne», in: *Frankfurter Rundschau* vom 24. September 1992.

Autorität der Eltern (die allerdings den Chip immerhin noch «aktivieren» müssen, was viel einfacher geht, als wenn sie dasselbe mit den lieben Kleinen versuchen wollten) und erspart allen Beteiligten Nörgeleien, schlechte Laune und Konflikte, die sich notwendigerweise einstellen, wenn es um den Fernsehkonsum geht: Das sich selbst begrenzende Gerät ist eine Novität.

- Im Internet ist ein neuer Typus von «Beziehung» kreiert worden: die Plauderei zwischen nicht vorhandenen Gesprächsteilnehmern, die sich mit Computerbotschaften unterhalten, füreinander als Personen verschwunden bleiben, anonym, unkenntlich, abwesend. Diese Schattenwesen, die nur als Schreibspur existieren, sehen gerade darin einen enormen Gewinn. Sie müssen sich *den* Andern und *dem* Andern nicht mehr als Person zumuten, sondern nur als Botschaft. Das Gerät streift von ihnen ab, womit man sich und andern zur Last fällt und was das Miteinander von Personen erschwert: ihre leibliche Existenz mit allen schlechten Angewohnheiten, mit dem störenden Äußeren, den Mängeln und Makeln, die sich zu unüberwindlichen Barrieren auftürmen. Endlich würden, so schwärmen die körperlosen Gesprächsteilnehmer, zum Beispiel behinderte Menschen unvoreingenommen wahrgenommen «als Denker, als Übermittler von Ideen, als Wesen mit Gefühlen und nicht als bloße Körper».[39] Das Gerät macht's möglich, daß die Menschen einander «begegnen» auf eine Art, die ihre Toleranz nicht überstrapaziert, ihren Umgang (genauer: ihre Umschreibung) «entproblematisiert». Sie fühlen sich nach eigener Auskunft befreit, wenn sie mit technischer Hilfe von sich abtrennen können, was ihrem Kontaktbegehren in die Quere kommt, was sie an sich und am andern nicht «leiden» können, und wenn sie den reinen Mehrwert des Positiven, dessen, was sie von sich zur Geltung bringen wollen, als Konzentrat ihrer Personen übrigbehalten; seien sie nun schwarz oder weiß, Mann oder Frau, gesund oder krank, kriminell oder loyal.

39 Rheingold, Howard, zit. bei: Lion, Andreas: Freundschaft: Annäherung an ein Phänomen, Diplomarbeit an der Fachhochschule Wiesbaden 1994.

Daß die Ausstaffierung des Alltags mit allerlei bequemlichkeitsförderndem Schnickschnack zur Verrohung der Sitten beiträgt, war das Fazit, das Adorno in den vierziger Jahren aus Alltagsbeobachtungen zog: «Die Technisierung macht einstweilen die Gesten präzis und roh und damit die Menschen. Sie treibt aus den Gebärden alles Zögern aus, allen Bedacht, alle Gesittung. Sie unterstellt sie den unversöhnlichen, gleichsam geschichtslosen Anforderungen der Dinge. So wird etwa verlernt, leise, behutsam und doch fest eine Tür zu schließen. Die von Autos und Frigidaires muß man zuwerfen, andere haben die Tendenz, von selber einzuschnappen und so die Eintretenden zu der Unmanier anzuhalten, nicht hinter sich zu blicken, nicht das Hausinnere zu wahren, das sie aufnimmt. Man wird dem neuen Menschentypus nicht gerecht ohne das Bewußtsein davon, was ihm unablässig, bis in die geheimen Innervationen hinein, von den Dingen der Umwelt widerfährt. (...) Am Absterben der Erfahrung trägt Schuld nicht zum letzten, daß die Dinge unterm Gesetz ihrer reinen Zweckmäßigkeit eine Form annehmen, die den Umgang mit ihnen auf bloße Handhabung beschränkt, ohne einen Überschuß, sei's an Freiheit des Verhaltens, sei's an Selbständigkeit des Dinges zu dulden, der als Erfahrungskern überlebt, weil er nicht verzehrt wird vom Augenblick der Aktion.»[40]

Im elektronischen Zeitalter nun sind die Anforderungen der Dinge nicht mehr unversöhnlich, im Gegenteil: Die Dinge «benehmen sich» geradezu respektvoll, dienstbar, beflissen. Türen zum Beispiel tun sich auf wie von Geisterhand, wenn man sich ihnen nur nähert, lautlos gleiten sie auseinander und geben ungefragt und ungebeten den Zugang zu den Waren-, Geld- oder Transportangeboten frei. Auf diese stille, dezente und elegante Weise erübrigen sie ihrerseits den Blick nach hinten auf den nachfolgenden Passanten, dem man in grauer Vorzeit, einem Höflichkeitsgebot zufolge, die Tür offenhielt, um sie ihm nicht an den Kopf und vor die Brust schlagen zu lassen. Von diesem Gerät wird den Menschen kein grober und ungeschlachter Umgang aufgezwungen, sondern gar keiner: keiner mit den Dingen und keiner mit den Menschen, mit

40 Adorno, Theodor W.: Minima Moralia, Frankfurt 1985, S. 42 f.

denen man die Dinge teilt, und keiner mit sich selbst. Und die Verhältnisse werden, das ist Programm, menschlich, ohne das Zutun der Menschen, allein weil die Maschinen «menschlich» sind. Die Humanisierung der Verhältnisse ist Ergebnis der Vermenschlichung des Gerätes, von dem zunehmend als vom handelnden Subjekt gesprochen wird, und sie ist Resultat der Automatisierung des Menschen, der im neuen Rollenmuster die Stelle des Objekts vertritt.

Wir haben es mit einer weiteren Entwicklungsstufe der automatisierten Gerätschaften zu tun: Im ersten Stadium wurde von den Maschinen die Überbietung der menschlichen Körperkräfte erwartet. Im zweiten Stadium ging es um die Überbietung des menschlichen Verstandes und Fassungsvermögens, jetzt, im dritten Stadium, soll das Gerät das menschliche Gewissen ersetzen. Wenn sich Pädagogen – im weitesten Sinn des Wortes – davon nicht beeindrucken und beunruhigen lassen, dann weiß ich nicht, wie ihnen überhaupt noch Schrecken in die Knochen fahren kann.

Wozu noch Bildung?

Nimmt man zu dieser Entmachtung der Pädagogen noch jene hinzu, die von den «Humangenetikern» (schon der Begriff müßte, Rudolf zur Lippe zufolge, geächtet werden) vorbereitet wird, dann hat man das Konsortium derjenigen, die die Erbschaft der Schule mit Fanfarenblasen oder klammheimlich, je nach Geschmack, antreten wollen, beisammen: «Nach sieben Jahren hat das US-amerikanische Wissenschaftsmagazin *Science* jetzt nachgelegt. Mit einem Spezialreport nimmt das Blatt seinen ersten Anlauf von 1987 wieder auf, um einen seit langem tobenden Kampf endgültig zu entscheiden: den Streit zwischen Genetikern und Behavioristen. Dahinter steht die bislang unbeantwortete Frage, wer oder was das Verhalten des Menschen bestimmt. Sind es die Gene oder Umweltfaktoren? (...) Der Chefredakteur von *Science*, Daniel E. Koshland, hatte schon vor Jahren gezeigt, wo die Reise hingehen soll: Im Gefolge der Biowissenschaften, argumentierte er, müsse sich die

Gesellschaft bald nicht mehr mit Problemen wie Alkoholismus, Gewalt und Obdachlosigkeit herumschlagen. Weil es dafür genetische Gründe gebe, könne die gesellschaftliche Ursachenforschung dann getrost ad acta gelegt werden. Mit Korrekturen am Erbprogramm der Betroffenen sei den Problemen viel effektiver beizukommen.»[41]

So also wird der Bildung der Garaus gemacht. Und zwar nicht darum, weil diese neuen Menschenmacher tatsächlich können, was sie in Aussicht stellen, sondern weil sie sich, lange bevor sie können, was sie wollen, durchgesetzt haben. Nicht nur, daß sie die Erlösungshoffnungen besetzt halten: «Soll Rettung kommen, so kommt sie nur so!» Nicht nur, daß diese Wissenschaftsbranchen uneingeschränkt ihrer Freßgier frönen und Unsummen verschlingen können. Sie haben obendrein schon jetzt das Bild vom Menschen als eines Rohstoffes, der nach Veredelung durch Neukonstruktion verlangt, dessen *biotechnologische* Nachbesserung durch homo creator noch aus- und jetzt ansteht, den heute lebenden Zeitgenossen tief eingeprägt.[42]

Wenn den Pädagogen, die sich um den Fortbestand der Schule, und das heißt ja immer auch um die Sicherung der eigenen beruflichen Existenz, Sorgen machen, nichts Besseres einfällt als die verschärfte Modernisierung und die zügige Anpassung an die Erfordernisse der wissenschaftlich-technischen Welt, wie die zur Formel geronnene Rettungsparole lautet, dann machen sie sich nicht nur der Mittäterschaft bei der restlosen Beseitigung der Bildung schuldig, sie schaffen sich widersinnigerweise bei dem Versuch der Selbstrettung selbst aus dem Wege.

Ausgangspunkt unserer Überlegungen waren die paradoxen Widersprüche, in die die Schule und ihre Personnage verstrickt sind. Hier ist noch ein solcher Widerspruch: Wenn die Schule den Modernisierungsforderungen nicht nachkommt, wird sie abgehängt, wenn sie ihnen nachkommt, macht sie sich überflüssig.

41 Emmrich, Michael: Von guten, schlechten und neutralen Genen, in: *Frankfurter Rundschau* vom 8. August 1994.

42 Vgl. hierzu auch Gronemeyer, Marianne: Das Leben als letzte Gelegenheit, Darmstadt 1993, S. 65 ff.

Schule passé – und nun? Zum Schluß eine Vorschau

Das ist die Frage, die unvermeidlich in so auswegloser Lage gestellt wird. Sie ist mit aller Entschiedenheit *nicht* zu beantworten. Positiv jedenfalls nicht. Horst Rumpf wagt einige negative Antwortaspekte und die Andeutung einer Richtung, die die Spurensuche nach gangbaren Pfaden nehmen könnte: «Und in einem Zeitalter, in dem durch märchenhaft perfektionierte Techniken der Vervielfältigung, Ausbreitung und Speicherung von Erkenntnissen, Informationstechniken, Kulturinhalten diese Seite der Wissensvermittlung weiß Gott nicht darben muß – in diesem Zeitalter sollte die Lernkultur der Schule doch nicht in die aussichtslose Konkurrenz mit den Institutionen der puren Wissens- und Informationsvermittlung eintreten. Da ist sie sofort überrundet, da wird ihre Arbeit schal und erstarrt. Sie sollte und könnte informationstechnisch abrüsten und eine neue Kargheit des Wartens, Nachdenkens, Hinschauens üben. (...) gegen die einschüchternde Vielzahl der Unterwerfung fordernden Selbstverständlichkeiten.»[1]

Worin dieses Warten, Nachdenken und Hinschauen bestehen könnte: in der «Drift zum sperrigen einzelnen, (...) zum Brüchigen, Widersprüchlichen, Befremdlichen; (...) zur sinnlichen Gestalt in ihrer Vieldeutigkeit; (...) zur persönlichen, individuellen Perspektive und Expressivität und (...) zum praktischen Ernstfall, in dem es etwas auszurichten, aufzuspüren, zu zeigen, ins Werk zu setzen gilt,

1 Rumpf, Horst: Von der Stoffbeherrschung zur Weltaufmerksamkeit, in: Wicke, Erhard, und Rudolf Messner (Hg.): Antiquiertheit des Menschen und Zukunft der Schule, Weinheim 1995, S. 55.

was gebraucht wird und was sich außerhalb des Lernschonraums sehen lassen kann.»[2]

Hinzuzufügen wäre vielleicht noch, daß die Bildung eher auf die Seite der Retardierung gehört als auf die Seite der Beschleunigung. Retardierung, das wäre in erster Linie Skepsis, insistierendes Fragen und Weiterfragen; Zersetzung aller wohlfeilen Gewißheiten, in deren Namen Optimierungspflicht verkündet wird. Es wäre die Bereitschaft, im Ungewissen und auf der Seite der Ohnmacht zu siedeln, statt Anteilseignerschaft an der Macht anzustreben und Entscheidungen und Tatkraft auf die *Illusion* von Gewißheit zu gründen. Ich würde der Pädagogik auch eine größere Strenge anempfehlen und den Ernst des «notwendig unglücklichen Bewußtseins», von dem Adorno spricht. Sie sollte sich derjenigen Themen und Gegenstände annehmen, die verdrängt, ausgesperrt und auf mancherlei Weise geschönt werden. Themen zu eröffnen und offenzuhalten gerade gegen den Zeitgeist, stünde ihr gut an. Sich verweigern besser, als sich anzudienen.

Schließlich wäre der Schule womöglich sogar eine Mäßigung des Finanzbedarfs bekömmlicher als eine Expansion ihrer Ansprüche. Nicht um der Askese willen, sondern um ihrer Unabhängigkeit willen. «Es ist schwer, die Welt zu verändern mit dem Geld der Leute, die sie in Ordnung finden», sagte der Regisseur Wolfgang Staudte über die staatliche Filmförderung. Wie wahr. Das gilt ohne Abstriche auch für die staatliche Bildungsförderung. Diogenes von Sinope, der eine geradezu spektakuläre Armut wählte, um Philosoph sein zu können, lehrte, auch ein Weiser könne Kuchen essen, vorausgesetzt, daß er dabei seine Freiheit nicht verliert.

Und ein letztes: Die Vorstellung, daß die große Mehrheit oder doch eine stattliche Minderheit der Lehrerinnen und Lehrer es eines Tages unzumutbar fänden, daß sie sich als Zensoren dingen ließen und sich daraufhin entschlössen, in den Generalstreik zu treten, nicht wegen besserer Besoldung, sondern um sich von dieser Pflicht zu entpflichten. Was für eine Schule käme danach?

2 Ebenda, S. 54.

Danksagung

Zu danken habe ich vielen vieles: den Freunden, in deren Kreis seit nun 16 Jahren die ‹pädagogische Frage› im Wandel der Zeitläufte diskutiert wurde: Johannes Beck, Heinrich Dauber, Barbara Duden, Ivan Illich, Christian Marzahn, dessen hier besonders gedacht sei, Wolfgang Sachs und Herbert Stubenrauch; den geduldigen Zuhörern bei der Ersterprobung der tintenwarmen Texte: Reimer Gronemeyer und der Gesprächsrunde mit den Studentinnen und Studenten der ‹Philosophischen Fragmente› aus der Fachhochschule Wiesbaden; ganz besonders Anne Bahr, meiner Gewährslehrerin, die mich mit Geschichten, Episoden, Szenen aus dem Schulalltag versorgte, den sie – trotz allem – mit nicht nachlassendem Staunen, mit liebevoller Ironie und sogar mit viel Vergnügen zu meistern verstand. Sie hat meinen Fernblick geschärft. Besonderer Dank gilt Ingke Brodersen und Rüdiger Dammann, die mit bewunderungswürdigem Engagement und vielen Anregungen dem Projekt vom Kopf auf die Füße halfen.